W0361956

Grödental

Villnößtal, Seiser Alm
Herausragende Dolomiten

Raphaela Moczynski

GPX-Daten zum Download

www.kompass.de/gpx

Kostenloser Download der GPX-Daten der im Wanderführer enthaltenen Wandertouren. Mehr Informationen auf Seite 3.

AUTOR

Raphaela Moczynski kennt die Tiroler und Südtiroler Landschaft von unzähligen Bergtouren. Sie ist seit vielen Jahren im Verlagsbereich tätig und hat an zahlreichen Atlanten und Bildbänden mitgearbeitet sowie etliche Kurz-Reiseführer sowie die Wanderführer Ötztal, Fernwanderweg E5, Bodensee, Schweden und Fernwanderweg München – Venedig verfasst. In Gröden schätzt sie die Vielfalt der Südtiroler Landschaft, die auf kleinem Raum immer wieder neue Überraschungen bereithält. Im Villnößtal hat sie die noch sehr bäuerliche Kulturlandschaft beeindruckt.

VORWORT

Die Dolomiten sind ein Traum – jeden Tag und auf jeder Wanderung von Neuem! Die Ausblicke sind meist so spektakulär, dass eigentlich alle Wanderungen das Prädikat Panoramaweg verdient hätten. Obwohl die Bergstöcke alle recht nah beieinander liegen, hat man dennoch das Gefühl, innerhalb kürzester Zeit in einer anderen Welt, in einem anderen Gebirge zu sein.

Wer über das Val Setus, das Mittagstal oder einen der Klettersteige den Altiplano delle Mëisules erreicht hat und von dort auf den Piz Boè gestiegen ist, fühlt sich wie auf dem Dach der Welt. Wie anders dagegen das Gefühl beim Abstieg durch die Langkofel- oder Panascharte, wo die Felswände den Blick einschränken. Fast schon abweisend, wüstenhaft wirkt die fast vegetationslose Puez-Hochfläche, die oft mit einer Mondlandschaft verglichen wird.

Unbedingt empfehlen möchte ich die Übernachtung auf der einen oder anderen Hütte, wir haben viele nette Hüttenwirte getroffen und sind meist hervorragend mit Südtiroler Spezialitäten bekocht worden. Und was gibt es Schöneres, als das Frühstück schon auf über 2000 m zu genießen und die goldene Morgenstunde für den ersten Gipfel zu nutzen?

Genießen Sie Ihre Tage in Gröden und im Villnößtal!

ORIENTIERUNG MIT GPS

Für Navigationsgeräte und Apps haben wir auf unserer Webseite alle Touren im GPX-Format zum Download bereitgestellt:

www.kompass.de/gpx

Hier findet man alle weiteren Informationen. Einfach das richtige Produkt auf der Seite auswählen, die Daten herunterladen und auf das Zielgerät oder in die gewünschte App importieren.

Mehrwert mit Spaßfaktor: Ob vorab zur Planung, als Sicherheit für unterwegs oder zum Erinnern und Archivieren der gegangenen Tour. Die digitale Wanderroute ist in vielerlei Hinsicht wertvoll. Ein Blick auf die Daten hilft Neues zu entdecken und liefert Inspirationen für die nächsten Touren. Alle Wandertouren aus diesem Führer stehen im GPX-Format kompakt und genau zur Verfügung.

Was ist ein GPX-Track? GPX ist ein Datenformat für Geodaten. Das Wort GPS steht für Global Positioning System (Globales Positionsbestimmungssystem). Mit einem GPX-Track bekommt man die rote Linie, also den Wanderpfad, als geografische Koordinaten.

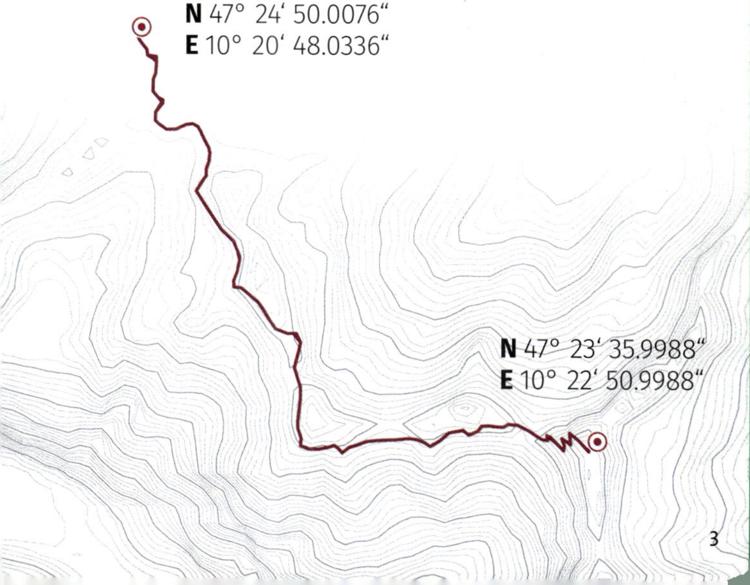

INHALT UND TOURENÜBERSICHT

AUFTAKT

ANHANG

km	h	hm ↗	hm ↘	P	Bus	Seilbahn	Essen	▲	❄	Rad	Bett	Karte
9,6	3:30	480	480	✓	✓		✓		✓		✓	076/59
15,1	5:30	1076	1051	✓	✓	✓	✓	✓		✓	✓	076/59
16,9	5:00	420	1259	✓	✓	✓	✓	✓		✓	✓	076/59
9,6	3:00	140	1340	✓	✓	✓	✓	✓			✓	076/59
8,8	3:50	620	620	✓			✓				✓	076/59
9,7	3:25	670	670	✓			✓	✓			✓	076/59
5,8	1:45	230	290	✓	✓				✓	✓	✓	076/59
7,7	2:30	454	454	✓	✓	✓	✓			✓	✓	076/59
3,8	1:30	483	0	✓	✓					✓	✓	076/59
10,8	5:20	1067	1134	✓	✓	✓					✓	076/59
10,6	4:40	980	980					✓			✓	076/59
9,6	3:50	838	579				✓				✓	076/59

INHALT UND TOURENÜBERSICHT

km	h	hm	hm									Karte
4,7	1:20	154	154	✓	✓				✓	✓	✓	076/59
5,8	2:45	582	582	✓	✓		✓				✓	076/59
12,3	5:00	980	980				✓	✓			✓	076/59
9,9	4:20	950	510				✓	✓			✓	076/59
15,4	5:20	575	1218	✓	✓	✓	✓				✓	076/59
12,9	5:00	935	935	✓	✓		✓	✓			✓	076/59
4,8	3:00	915	11	✓	✓						✓	076/59
5,6	3:00	720	260	✓	✓						✓	076/59
2	1:00	126	126								✓	076/59
3,2	2:30	400	400					✓			✓	076/59
11,7	7:00	1390	1175	✓	✓	✓	✓	✓			✓	076/59
3,2	1:30	27	627					✓			✓	076/59
6,5	2:30	150	450		✓						✓	076/59
13,2	6:00	1000	1000	✓	✓		✓				✓	076/59
16,3	5:40	720	720	✓	✓		✓				✓	076/59
7,6	2:20	33	1077	✓	✓	✓	✓				✓	076/59
4,8	3:10	670	670					✓			✓	076/59
12,7	3:25	395	659		✓		✓				✓	076/59
3,5	1	120	120	✓	✓						✓	076/59
6,6	2:20	302	302	✓	✓		✓				✓	076/59
11	4:50	890	890	✓	✓		✓				✓	076/59

INHALT UND TOURENÜBERSICHT

km	h	hm	hm									Karte
9,4	3:10	550	550	✓	✓		✓			✓	✓	076/59
11,2	3:10	490	490		✓		✓			✓	✓	076/59
12,7	3:30	191	970	✓	✓	✓	✓			✓	✓	076/59
10,3	3:20	682	241	✓	✓	✓	✓				✓	076/59
8,2	2:50	720	45	✓	✓	✓	✓			✓	✓	076/59
6,8	2:35	431	431	✓	✓		✓		✓		✓	672/59
5	1:30	205	205	✓	✓		✓		✓	✓	✓	672/59
4,6	1:50	230	230	✓								672/59
6,8	3:00	760	760	✓								672/59
9,2	3:00	650	650	✓	✓		✓				✓	672/59
11,1	3:15	510	510	✓	✓		✓		✓	✓	✓	672/59
9,5	3:10	415	670				✓				✓	076/59
8	2:50	464	464	✓	✓		✓				✓	076/59
3	0:45	83	83	✓	✓		✓				✓	076/59
4,2	2:00	635	5	✓	✓		✓			✓	✓	076/59
12	4:40	870	245	✓	✓		✓	✓			✓	076/59
8,6	3:20	590	590					✓			✓	672
8,8	3:40	750	750	✓	✓		✓	✓			✓	076/59
10,1	4:10	780	780	✓	✓						✓	672
12,9	5:45	1226	1226	✓	✓			✓			✓	672
43,6	18:40	3452	3125	✓	✓	✓	✓	✓			✓	076/59
31,7	10:30	1610	1985	✓	✓	✓	✓				✓	076/59

GEBIETSÜBERSICHTSKARTE

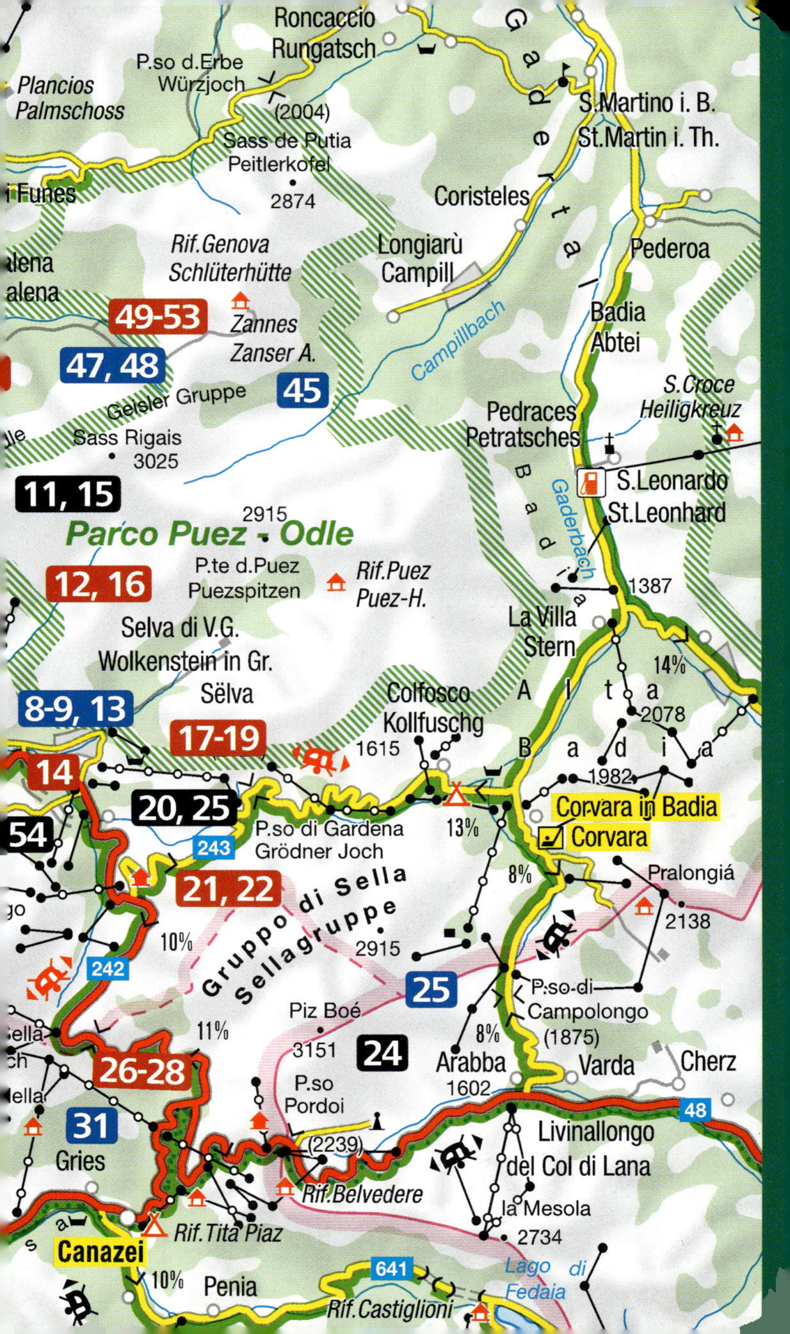

Roncaccio
Rungatsch
P.so d.Erbe
Würzjoch
(2004)
Plancios
Palmschoss
Gadertal
S.Martino i. B.
St.Martin i. Th.
Sass de Putia
Peitlerkofel
2874
Funes
Coristeles
Pederoa
Longiarù
Campill
Rif.Genova
Schlüterhütte
49-53
Zannes
Zanser A.
47, 48
45
Campillbach
Badia
Abtei
S.Croce
Heiligkreuz
Geisler Gruppe
Sass Rigais
3025
Pedraces
Petratsches
S.Leonardo
St.Leonhard
Gaderbach
Badia
11, 15
2915
Parco Puez - Odle
P.te d.Puez
Puezspitzen
Rif.Puez
Puez-H.
12, 16
1387
Selva di V.G.
Wolkenstein in Gr.
Sëlva
La Villa
Stern
14%
Alta Badia
2078
8-9, 13
Colfosco
Kollfuschg
1615
17-19
14
1982
20, 25
Corvara in Badia
Corvara
54
P.so di Gardena
Grödner Joch
13%
243
8%
21, 22
Pralongiá
Gruppo di Sella
Sellagruppe
2138
2915
10%
242
25
P.so di Campolongo
(1875)
Piz Boé
3151
11%
24
8%
Arabba
1602
Varda
Cherz
26-28
P.so
Pordoi
48
31
Gries
(2239)
Livinallongo
del Col di Lana
Rif.Belvedere
la Mesola
Rif.Tita Piaz
2734
Canazei
10%
Penia
641
Lago di
Fedaia
Rif.Castiglioni

Gröden, das 25 km lange Seitental des Eisacktals, beginnt bei Waidbruck und erstreckt sich ostwärts bis zum Grödner Joch bzw. Sellajoch. Vom Talboden aus ziehen sich auf beiden Talseiten Bergwälder zu den Hochalmen empor. Über diesen erheben sich die markanten Dolomitstöcke Geislerspitzen, Puez, Sella, Langkofel, Rosengarten und Schlern.

Monti Pallidi – die bleichen Berge

Wie kaum ein anderes europäisches Gebirge üben die Dolomiten (italienisch Dolomiti, ladinisch Dolomites) eine unglaubliche Faszination auf Wanderer, Bergsteiger und Kletterer aus. Die „bleichen Berge", die ihren Namen dem in weißen bis grauen Tönen schimmernden Dolomit und Kalkstein verdanken, unterscheiden sich in ihrer Geologie ganz grundlegend von anderen Gebirgszügen der Nord- und Südalpen. Isoliert ragen hier die in ihrer Form unverwechselbaren Gebirgsstöcke über den weitläufigen Hochalmen, den Zirben- und Lärchenwäldern auf. Schlern- und Sellamassiv erinnern an Tafelberge mit teils senkrecht abfallenden Wänden. Gleich daneben finden sich oftmals Felstürme und filigrane Felsnadeln.

Unesco-Weltnaturerbe

Seit 2009 sind die Dolomiten als sogenanntes „serielles Weltnaturerbe" anerkannt. Seriell insofern, als dass mehrere isoliert voneinander liegende Gebirgsstöcke unter Schutz gestellt wurden; rund um Gröden sind es Puez-Geisler, Schlern-Rosengarten und Marmolada. Alle in die Welterbeliste eingetragenen Gebiete müssen das Kriterium der Unversehrtheit erfüllen; wegen ihrer intensiven touristischen Erschließung wurden deshalb der Sellastock sowie die Platt- und Langkofelgruppe nicht aufgenommen. Auf der folgenden Website lässt sich unter dem Stichwort „Zum Lesen und Schauen" eine lesenswerte Broschüre herunterladen.
www.provinz.bz.it/natur-raum/themen/dolomiten-unesco-welterbe.asp

Wandern auf drei Niveaus

Anders als in den Zentralalpen, wo die Berghänge bis in die Täler reichen, ist für Gröden eine Dreiteilung charakteristisch. Über dem Talboden finden sich Terrassen und Hochplateaus (Hochalmen), aus denen wiederum isoliert und unvermittelt Gebirgsstöcke aufragen. Die wichtigsten Bergmassive rund um Gröden sind der Sellastock, die Langkofel- und Plattkofelgruppe, die Geislerspitzen, die Puezgruppe und das Schlernmassiv.

Entstehung

Als „schönstes Bauwerk der Welt" beschrieb einst Architekt Le Corbusier die westlichen Dolomiten, die ja auch wirklich von unzähligen Kleinstlebewesen über Jahrmillionen aufgebaut wurden. Dabei muss zwischen der Gesteinsbildung und der eigentlichen Gebirgsbildung unterschieden werden.

Gesteinsbildung (Lithogenese)

Der Entstehungsprozess der Dolomiten ist kompliziert und kann hier nur vereinfacht wiedergegeben werden.

Das freundliche Empfangskomitee am Sellajoch

Vor etwa 280 Mio. Jahren bildeten die Landmassen von Europa und Afrika den „Urkontinent“ Pangäa, an den im Nordosten der Ozean Tethys mit flachen Randmeeren grenzte. Im geologischen Zeitalter des Perm (vor 290–250 Mio. Jahren) begann eine alte, schon weitgehend eingeebnete Bergkette unter den Meeresspiegel abzusinken, Sedimente bedeckten das Gestein. Gleichzeitig gab es in diesem Gebiet eine intensive vulkanische Tätigkeit, bei der große Mengen Porphyrgestein abgelagert wurden. Durch die Auflast der Gesteinsmassen sank der alte Kontinentalsockel im Gebiet der heutigen Dolomiten erneut ab, ein flaches, warmes Meeresbecken konnte sich bilden. Damals lag die Tethys in Äquatornähe, wo ein tropisch-subtropisches Klima herrschte – und damit ideale Voraussetzungen für den Aufbau von Riffen. Ab dem Beginn der Trias (vor ca. 250 Mio. Jahren) schwankte der Meeresspiegel signifikant, sodass die Gesteinsschichten sich mal oberhalb (wo sie den Verwitterungs- bzw. Erosionskräften ausgesetzt waren), mal unterhalb des Meeresspiegels befanden. Dieser Prozess dauerte rund 8 Mio. Jahre an. Im Wasser lebten damals kalkabscheidende Organismen wie Algen, Schwämme und Korallen, aus deren Kalkskeletten sich mächtige Riffe aufbauten – vergleichbar dem australischen Great Barrier Reef. Der Prozess wiederholte sich noch mehrmals, sodass neue Generationen an Korallenriffen entstanden, insgesamt über einen Zeitraum von 7 Mio. Jahren. Durch Sedimentation waren die Meeresarme schließlich weitgehend ausgefüllt, sodass eine weite, flache Küstenlandschaft entstand. Erneut kam es zu einer massiven Absenkung und Überflutung der Küstenebene, in deren Folge sich eine bis zu 1000 m mächtige Sedimentationsschicht ablagerte, aus der Kalk- und Dolomitgestein – ein magnesiumhaltiger Kalkstein – entstand. Eine

Cislesalpe: Die Geislerspitzen sind ein versteinertes Riff

weitere Absenkung erfolgte im Unteren Jura vor 210 bis 190 Mio. Jahren, in diesen Zeitraum fallen auch das Auseinanderbrechen des Urkontinents und die Entstehung des Atlantiks. Der Bereich der Dolomiten lag in großen Tiefen, bedeckt von mächtigen Kalk- und Mergelschichten.

Gebirgsbildung (Orogenese)

Die Dolomiten, wie wir sie heute sehen, entstanden erst deutlich später während der alpinen Gebirgsbildungsphase. Der Prozess begann gegen Ende der Kreidezeit (vor rund 65 Mio. Jahren, als auch die Saurier ausstarben) mit der Verformung und Auffaltung der Gesteinsschichten. Durch den Druck, der aus der Kollision von afrikanischer und europäischer Platte resultierte, wurden die Kalkmassen am Boden zusammengedrückt und allmählich über die Meeresoberfläche gehoben (im Tertiär vor ca. 30–20 Mio. Jahren) – insgesamt mehrere Tausend Meter. Durch die Anhebung und Verschiebung findet man heute gleiche Schichten in unterschiedlichen Höhen, was z. B. auf dem Geotrail bei Pufels anschaulich aufgezeigt wird.

Heutiger Formenschatz

Einmal an der Oberfläche, waren die mächtigen Riffe der Erosion durch Wind, Wasser und Temperatur ausgesetzt und erhielten ihr heutiges Aussehen. Doch auch die Eiszeiten und die Zwischeneiszeiten prägten das heutige Landschaftsbild. Durch das Vordringen des Eisackgletschers in die Dolomitentäler entstanden die terrassenförmigen Hochebenen, aber auch Kare und Moränenzüge sowie klassische U-förmige Täler wie das Langental. Bis heute wirken

Sass de Chiampac: Ein Berg zerfällt in seine Einzelteile

zudem die durch Schwerkraft und das Zurückweichen des Permafrostes hervorgerufenen Massenbewegungen (Muren, Hangrutschungen), die das Landschaftsbild teilweise innerhalb kürzester Zeit verändern. Davon zeugen Hangschutt, mächtige Schuttkegel und -wälle, Blockgletscher und Lawinenschuttkegel. Das heutige Gepräge der Dolomiten ist also nur eine Momentaufnahme, die durch die unablässig waltenden geomechanischen Kräfte dauernder Änderung unterworfen ist. Einen guten Einstieg in das komplexe Thema Geologie des westlichen Grödentals bietet der Geotrail bei Pufels (Tour 32).

Hochalmen

Nördlich und südlich von Gröden erstrecken sich mehrere ausgedehnte Hochalmen, die mit ihren frühsommerlichen Blumenwiesen vor grandioser Felslandschaft ein hervorragendes Wandergebiet abgeben.

Aufstiegshilfen führen von den Hauptorten zu den Hochalmen hinauf, die eine sowohl landwirtschaftlich als auch touristisch intensiv genutzte Kulturlandschaft sind. Weniger trittsichere Wanderer werden es als angenehm empfinden, auf teilweise geteerten Straßen bzw. Almwegen laufen zu können, vielen naturverbundenen Wanderern ist die Vielzahl an Einkehrmöglichkeiten, Liften und Bergstationen doch etwas zu viel.

Seiser Alm/Alpe di Siusi/Mont Sëuc
Europas größte Hochalm (56 km^2) liegt auf dem Gemeindegebiet von Kastelruth. Die Seiser Alm erstreckt sich über Höhen zwischen 2300 und 1685 m (Saltria). Die seit Jahrhunderten von der Almwirtschaft geprägte

Herbst auf der Aschgler Alm: Blick auf Col dala Pieres und den Sellastock

alpine Kulturlandschaft präsentiert sich als sanft reliefierte Hochebene mit einigen Feuchtwiesen und größeren und kleineren Mooren. Zwei Drittel der Seiser Alm sind Mähwiesen und Weiden, das verbleibende Drittel Bergwald. Bereits 1480 regelte eine Almwirtschaftsordnung die Nutzung von Weiden und Wäldern. Unzählige Heustadl und noch 60 aktive Schwaigen (Sennhütten, in denen das Vieh gemolken wird) prägen das Landschaftsbild. Bis 1960 wurde in mühevoller Arbeit von Hand gemäht, heute gilt das nur noch für die steilen oder nassen Wiesen, ansonsten kommen Maschinen zum Einsatz. Die Seiser Alm ist seit 1959 ein ausgewiesenes Landschaftsschutzgebiet. Ein kleiner, weniger erschlossener Teil im Südwesten gehört zum Naturpark Schlern-Rosengarten.

Vor allem im späten Frühjahr und im Frühsommer vor der ersten Mahd locken die Bergwiesen tausende Hobbybotaniker auf die Almen, die hier nicht nur die bekannten Alpenblumen, sondern auch einige endemische Arten vorfinden. Eine Besonderheit ist, dass man hier sowohl Silikatvegetation (Pflanzen, die auf sauren Böden, in diesem Fall vulkanischem Ergussgestein und Porphyrit-Tuffen) als auch auf Kalk und Dolomit (basischen Böden) wachsende Pflanzen findet.

Die höchste Erhebung der Seiser Alm ist die Bergspitze des Palatsch/Palacia (2351 m) oberhalb der Plattkofelhütte (s. Touren 29 und 30). Die Rosszähne im Süden, der Schlern im Südwesten sowie Platt- und Langkofel im Osten bilden eine Art natürliches Amphitheater. Die einzige „Siedlung“ auf der Seiser Alm ist das touristisch stark erschlossene Kompatsch. Mit Privatautos darf die Alm nur vor 9 und nach 17 Uhr angefahren werden. Tagsüber erreicht man die Alm über die Seilbahnen und mit Linienbussen, die auf der Alm hin- und herfahren. Der Vorläufer der heutigen Umlaufbahn von St. Ulrich trug maßgeblich zur Entwicklung des Winter- wie auch des Sommertourismus auf der Alm bei.

Für viele bedauernswert ist die massive touristische Erschließung: Inzwischen gibt es über 20 Aufstiegsanlagen, 48 km Pisten und 25 km Langlaufloipen. Straßen führen zu fast allen Hotels, den 30 Gaststätten, den Ferienhäusern und Bergstationen – insgesamt kommen so über 100 km Straßen zusammen, dazu noch viele weitere Kilometer Karrenwege für die Traktoren.

Enrosadira

Enrosadira heißt übersetzt „eine rosa Farbe annehmen“ und ist der ladinische Begriff für das bekannte Alpenglühen. Geradezu magisch ist die Stimmung, wenn morgens oder abends die Berge in Orange, Rot oder Purpur zu leuchten beginnen.

Wissenschaftlich handelt es sich um die Reflexion des Abend- bzw. Morgenrots auf den Felsen. Senkrechte, homogene Felswände und Schneeflächen reflektieren das Dämmerungslicht in Abstufungen von gelb, orange und rot bis violett besonders intensiv. Am eindrucksvollsten ist es, wenn etwa 25 Minuten nach Sonnenuntergang die Sonne knapp 4° unter dem Horizont steht.

Raschötz/Rasciesa/Resciesa
Die nach Südwesten geneigte Hochalm oberhalb von St. Ulrich ist eine uralte Kulturlandschaft mit ausgedehnten Magerrasen. Aufgrund ihrer Naturbelassenheit wurde sie Teil des Naturparks Puez-Geisler. Die Hochalm (9,7 km^2) gliedert sich in die Außerraschötz (Gipfel 2281 m) im Westen und die Innerraschötz (2317 m) im Osten, die sich bis zum Broglessattel zieht. Der zweigeteilte Bergrücken bildet die natürliche Grenze zwischen Gröden und dem Villnößtal, zu dem die schräg gestellten Schollen steil abbrechen. Die Flitzer Scharte (2107 m) trennt Außerraschötz und Innerraschötz.

Auf der Alm gibt es nur wenige Gebäude, darunter die Kapelle Heiligkreuz (2198 m), die 2010 neu errichtete Raschötzhütte (2170 m), eine Schwaige, das Chalet Raschötz und die Bergstation der Standseilbahn. Unterhalb der Bergwiesen zieht sich der zum Teil wieder aufgeforstete Raschötzer Wald ins Tal.

Aschgler Alm und Cislesalpe
Von der touristisch stark erschlossenen **Aschgler Alm** (Mastlé) unterhalb der Seceda (2518 m) genießt man einen fantastischen Blick Richtung Süden. Der Name Seceda leitet sich vom lateinischen Wort *siccus* (trocken) ab. Unterhalb des Gipfels sind die Bergwiesen ausgesprochen karg und trocken. Der Gipfel bricht nach Norden und Westen in senkrechten Wänden ab, während er nach Süden sanft abfallend in die Aschgler Alm übergeht. Östlich schließt sich die **Cislesalpe** (Alpe di Cisles/Ncisles) an. Die noch weitgehend naturbelassenen Almwiesen liegen schon im Naturpark Puez-Geisler.

Der Bergwald

Die Waldgrenze schwankt in Gröden zwischen 2000 und 2200 m. Der Bergwald besteht hier fast ausschließlich aus Nadelbäumen. An den Südhängen dominieren Fichten und Lärchen, die im Frühjahr und Herbst für hellgrüne bzw. gelbe Farbtupfer sorgen. In den Höhenlagen über 1700 m wachsen fast ausschließlich Zirbelkiefern und Latschen. Die immergrüne Zirbelkiefer (*Pinus cembra*, auch Zirbe, in der Schweiz Arve genannt) ist bei den Holzschnitzern beliebt und kann bis zu 1000 Jahre alt werden. Ihr rötliches bzw. rotbraunes Holz hat einen intensiven charakteristischen Duft. Die Zirbelkiefer gilt als frosthärteste Baumart der Alpen. Zwischen den Nadelbäumen finden sich subalpine Zwergsträucher wie etwa Alpenrosen, Wacholder, Schwarz- und Preiselbeeren, Bärentrauben und Schneeheide.

Bergmassive

Sellastock
Die Sella vermittelt den Eindruck einer gewaltigen, für den durchschnittlichen Wanderer scheinbar unbezwingbaren Felsburg. Anders als bei den Geislerspitzen oder der Langkofelgruppe hat man hier ein Plateaugebirge mit einer rund 2800 m hohen Hochfläche vor sich. Aus diesem Plateau heraus ragt der pyramidenförmige Gipfel des Piz Boè. Der Berg-

Blick vom Zwischenkofelsattel durch das Val de Mezdi nach Kolfuschg

stock wird in rund 2500 m von einem markanten Geröllband unterbrochen und in zwei Stockwerke gegliedert. Die mächtigen Sellatürme im Westen sind ein beliebtes Klettergebiet. Der Aufstieg auf die „Gralsburg der Ladiner" kann über vier Täler erfolgen: Val de Mezdi/Mittagstal, Val Lasties (Tour 26), Val Setus (Tour 23) und Val Pisciadù (Ferrata Brigata Tridentina). Über insgesamt vier Pässe lässt sich der Bergstock umrunden.

Geislerspitzen/Gruppo delle Odle/ Odles

Odles ist der ladinische Name des Massivs und lautet übersetzt „Spitzen". Die markanten Felstürme trennen das Villnößtal und Gröden, höchster Gipfel ist der Sas Rigais (3025 m), der als einziger über Klettersteige bestiegen werden kann. Den westlichen Abschluss der Geislerspitzen markiert die Seceda (2518 m), östlich der Panascharte erheben sich Kleine und Große Fermeda (2873 m), Große Odla (2832 m) und Sass Mesdi (2762 m), östlich der Mittagsscharte schließen sich an den Sas Rigais die Furchetta (3030 m), der Torkofel (2967 m) und der Wasserkofel (2924 m) an. Die Roa-Scharte trennt die Geislerspitzen von der Puezgruppe.

Puezgruppe

Östlich der Roa-Scharte erhebt sich zwischen Campilltal im Norden und Langental im Süden der Kamm der Puezspitzen, der sich vom Piz Duleda bis zum Zwölfer (2384 m) zieht. Spektakulärer noch als die Gipfel ist das verkarstete Gherdenacia-Puez-Plateau im Südosten, eine 2500 m hohe Hochfläche, die an eine Mondlandschaft erinnert. Nach Süden zum Grödner Joch begrenzen die Cirspitzen und der Sass da Ciampac die Crespeina-Hochfläche, den südwestlichen Teil des Plateaus.

Langkofelgruppe

Der Langkofel (Sasso Lungo/Saslonch, 3181 m) ist das Wahrzeichen von

Postkartenmotiv: St. Johann in Ranui vor der Kulisse der Geislerspitzen

St. Christina. Am südlichen Ende der Berggruppe erhebt sich der markante Plattkofel (Sasso Piatto/Sasplat), dessen Form sich am schönsten vom Puflatsch und der Seiser Alm aus präsentiert. Zusammen mit dem Langkofeleck (3081 m) nimmt der über 1 km lange Langkofel fast die Hälfte der Langkofelgruppe ein. Südlich der gleichnamigen Scharte erheben sich weitere markante Berge: Fünffingerspitze (2998 m), Grohmannspitze (3114 m), Innerkoflerturm (3081 m), Zahnkofel (3000 m) und Plattkofel (2954 m). Nur der Plattkofel kann auf einem Steig bestiegen werden, alle anderen Gipfel sind Kletterberge.

Villnößtal

Wer vom Eisacktal ins Tal hinauffährt, wird begeistert sein von der noch recht ursprünglichen alpinen Kulturlandschaft. Begrenzt wird das Villnößtal im Süden von den Geislerspitzen und im Norden von den Aferer Geislern. In der Heimat von Bergsteigerlegende Reinhold Messner haben sich die Talbewohner gegen eine Erschließung des Tals durch Aufstiegshilfen entschieden.

Heute wirbt das Tal zu Recht mit seiner Ursprünglichkeit und Naturbelassenheit. Auch ohne Lifte bietet es viele Möglichkeiten für Aktivitäten vor einer fantastischen Dolomitenkulisse: für Familien gemütliche Almwanderungen, für Sportliche diverse Klettersteige und anspruchsvolle Gipfel, für Wanderer lohnende Übergänge in die Nachbartäler.

Ladinische Begriffe

Bon dí– Guten Morgen
Bona sëira – Guten Abend
Assudëi – Auf Wiedersehen
Co es'a inuem? – Wie heißt Du?
Co vala pa? – Wie geht's?
Prëibel – Bitte
De gra – Danke
Piz – Bergspitze, Gipfel
Lech – See
Bosch – Wald

Mitglieder der Volkstanzgruppe St. Ulrich vor der Raschötzhütte

Ladinisch

Das Ladinische ist eine romanische Sprache, die noch in drei Sprachinseln gesprochen wird: In den Dolomiten, im Engadin und in Friaul. Die Ladiner sind als Sprachminderheit offiziell in Italien anerkannt.

Im Grödental und im Gadertal (Alta Badia) leben noch ungefähr 35.000 Ladiner, gesprochen wird das Ladinische aber auch südlich der Sella in der Provinz Trient. Während in Lajen noch mehrheitlich Deutsch gesprochen wird, beginnt jenseits von Pontives, der Porta Ladina, der ladinische Sprachraum. In den drei Gemeinden Grödens ist das Ladinisch als regionale Amtssprache anerkannt und wird auch in der Schule gepflegt. So findet der Unterricht dort zwar in italienischer und deutscher Sprache statt, daneben wird aber auch Ladinisch unterrichtet. Ortsschilder, aber auch viele Wanderschilder sind dreisprachig gehalten.

Touristische Informationen

Gröden
www.valgardena.it
(offizielles Portal)

außerdem:
www.groeden.net
www.groeden.it

Villnößtal
www.villnoess.com

Südtirol
www.suedtirol.info
www.suedtirol.com

Südtirol-Altoadige
www.suedtirol-altoadige.it

Alpenverein Südtirol
www.alpenverein.it

Club Alpino Italiano (C.A.I.)
www.cai.it

Blick vom Sellajoch zur Langkofelscharte mit der Toni-Demetz-Hütte

SCHWIERIGKEITSGRADE

■ LEICHT
Wanderungen auf gut angelegten, ausgeschilderten und markierten Wegen ohne echte Gefahrenstellen, meist mäßig steil. Kurze, kräftige Steigungen sind jedoch möglich. Die Wege sind auch für Wanderer mit wenig Bergerfahrung machbar.

■ MITTEL
Die Wege führen in alpines Gelände und sind teilweise steil und felsig. Trittsicherheit und etwas alpine Erfahrungen werden vorausgesetzt. Kurze Passagen können auch ausgesetzt sein (Seilversicherung) und ein gewisses Maß an Schwindelfreiheit verlangen. Größere Höhenunterschiede und lange Gehzeiten erfordern Ausdauer.

■ SCHWER
Die anspruchsvollen Touren führen in felsdurchsetztes Gelände – Trittsicherheit, Schwindelfreiheit und gute Kondition sind notwendig. Längere Wegabschnitte sind ausgesetzt und, wo notwendig, mit Drahtseilen gesichert. Die Wege sollten nur mit Bergerfahrung begangen werden.

KLEIDUNG
Viele der Touren führen in hochalpines Gelände, wo sich das Wetter oft kurzfristig (und nicht immer vorhergesagt) verschlechtern kann. Eine warme Mütze, Schal und Handschuhe sollten deshalb immer im Rucksack sein. Vor allem auf dem Sella-Plateau kann es auch im Sommer schnell kalt werden. Unbedingt vor jeder Tour den Hüttenwirt bzw. Gastgeber im Tal nach der Wetterprognose fragen.

HÜTTENÜBERNACHTUNG
Hüttenübernachtungen sollten generell reserviert und im Frühjahr und Herbst die Öffnungszeiten überprüft werden.

MEINE LIEBLINGSTOUR

Langkofelumrundung (Tour 27)
Die familienfreundliche Rundwanderung ist so etwas wie die Zusammenfassung eines Wanderurlaubs in Gröden. Bei der Runde um den bekannten Dolomitenstock schaut man auf alle bekannten Berge und Hochalmen Grödens. Unterwegs verleiten zahlreiche Hütten zu einer Pause – es lohnt sich, dort die eine oder andere Südtiroler Spezialität zu probieren. Gestartet werden kann am Sellajoch oder an der Bergstation Mont de Sëura (Monte Pana).

MEINE HIGHLIGHTS

1

2

3

1: Farbenfroher Herbst in Lajen
→ Tour 1, Seite 26

2: Morgenstimmung am Piz Boè
→ Tour 23, Seite 94

3: Aussichtsberg Sobutsch
→ Tour 49, Seite 174

4: Herbstwanderung im Val Chedul
→ Tour 19, Seite 83

5: Weitblick von der Cima Pisciadù
→ Tour 22, Seite 92

4

5

1

POSTSTEIG VON LAJEN NACH ST. PETER

Aussichtsreiche Wanderung im vorderen Grödental

9,6 km | 3:30 h | 480 hm | 480 hm | 59 076

START | Lajen, Dorfplatz, Ansitz Zehentner
[GPS: UTM Zone 32 x: 696.358 m y: 5.164.934 m]
CHARAKTER | Bis nach St. Peter ein gut begehbarer Feldweg, zwischendurch ein kurzer steiler Abstieg zur Straße. Der Steig ab dem Gspoi-Hof nach Tschöfas ist steil und felsdurchsetzt.

Der Poststeig zwischen Lajen und Tschöfas

Auf dem Troi da la Posta, dem Poststeig, wurde einst die Post von Klausen über Lajen nach St. Ulrich transportiert. Der meist breite Wanderweg nach St. Peter ist vor allem im Spätherbst ein Traum, da er an bunten Laubbäumen vorbeiführt. Die Halbtagestour ist aber auch deshalb so lohnenswert, weil sowohl Lajen als auch Tschöfas noch recht wenig vom Tourismus geprägt sind und der Weg durch eine traditionelle alpine Kulturlandschaft führt. Bevor man die Wanderung am schönen Dorfplatz von Lajen beginnt, sollte man noch die beiden sehenswerten Kirchen oberhalb des Platzes besuchen: die gotische Liebfrauenkirche und die klassizistische Pfarrkirche auf einem markanten Sporn.

Nach St. Peter: Gestartet wird am **Ansitz Zehentner** 01, einem denkmalgeschützten Bauernhof mit Zimmervermietung. Am oberen Ende des Platzes befindet sich eine Infotafel. Von dort geht es über die Straße „Hueber-Pflaster“ und die Staatsstraße 139 leicht bergab zu einer kleinen Kapelle. Auf den Wegweisern davor ist der Poststeig (Markierung P) nach Tschöfas ausgeschildert. Bis zu einem Marterl folgt man der Straße, dann biegt links der Tschöferer Weg ab, der

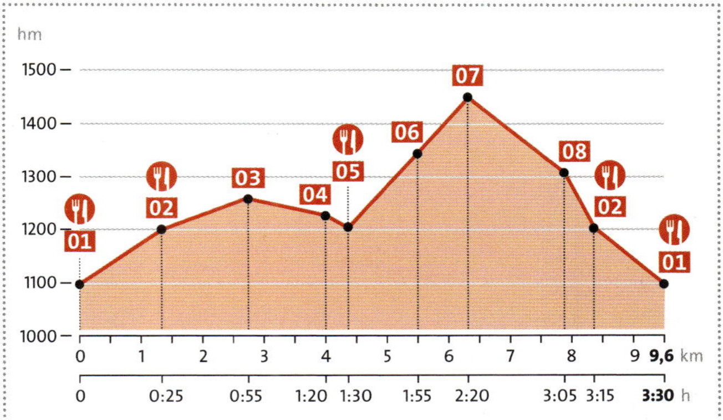

01 1095 m, Ansitz Zehentner; **02** 1203 m, Tschöfas; **03** 1256 m, Waldsteig; **04** 1226 m, Straße; **05** 1213 m, St. Peter, Abzweig 8/36; **06** 1342 m, Abzweig Weg 8A; **07** 1447 m, Noflatsch; **08** 1313 m, Waldsteig

nach den letzten Häusern in einen von einer Steinmauer gesäumten Feldweg übergeht. Leicht ansteigend wandert man mit herrlichem Blick auf Sellastock und Langkofel nach **Tschöfas** **02**, Bänke laden unterwegs zum Schauen ein.

Der Poststeig führt durch Tschöfas hindurch, am Ortsausgang geht

St. Peter – Blick zur Ladinischen Pforte, dem Eingang ins Grödental

die Teerstraße wieder in einen aussichtsreichen Feldweg über. Nachdem man unterhalb einer Hütte vorbeigelaufen ist, taucht der Poststeig in den Wald ein. Der **Waldsteig** 03, der wegen seiner vielen Wurzeln nach Regenfällen rutschig sein kann, endet oberhalb der Straße nach St. Peter an einem Holzgeländer. Steil geht es nun zur **Straße** 04 hinunter. Unten angekommen, folgt man links für wenige Meter der Straße, bis der Poststeig rechts zum schön gelegenen Oberfelsonnerhof abbiegt. Über die Zufahrtsstraße des Hofes gelangt man zurück auf die Straße, der man aber nur kurz Richtung Kirche folgen muss.

Rückweg: Noch vor der schönen Ortskirche von **St. Peter** 05 weisen Schilder links bergauf (Weg 8, 36). Die recht steil bergan führende Teerstraße macht eine große Linkskurve und geht oberhalb der letzten Häuser von St. Peter neben einigen roten Postkästen in einen breiten Forstweg über (Tschöfas ist hier schon ausgeschildert, Weg 36). Oberhalb des Jos-Hofes biegt links der **Weg 8A** 06 Richtung Tschöfas ab. Mit schönem Blick ins untere Grödental und auf die Berge südlich von Bozen läuft man zwischen Wiesen immer weiter bergauf, durch ein Weidegatter und an einer Viehtränke vorbei bis zu einer **Weggabelung (Noflatsch)** 07, dem höchsten Punkt der Wanderung. Hier trifft der Weg auf den von Tschöfas zur Unterpulghütte und zur Ramitzler Schwaige führenden Weg 34. Der breite Fahrweg zurück nach Tschöfas verläuft zunächst durch den Wald, um dann bei einem hoch gelegenen Holzstadl mit schöner Aussicht am Waldrand entlangzuführen.

Beim Gspoi-Hof biegt rechts ein steil talwärts führender **Waldsteig** 08 ab (bei nasser Witterung rutschig!). Dort, wo der Steig auf einen kleinen Garten stößt, weist ein Schild nach links zurück in den Ort. In **Tschöfas** 02 schließt sich der Kreis, der Rückweg nach Lajen erfolgt wieder auf dem Poststeig. Ihm folgt man mit schönem Blick auf **Lajen** zurück zum Dorfplatz mit dem **Ansitz Zehentner** 01.

AUSSERRASCHÖTZ • 2281 m

Höhenwanderung über St. Peter und St. Ulrich

15,1 km | 5:30 h | 1076 hm | 1051 hm | 59 076

START | Bushaltestelle Überbacher in St. Peter (Busverbindung) [GPS: UTM Zone 32 x: 699.913 m y: 5.164.311 m]
CHARAKTER | Gepflasterter Steig durch das Felssturzgebiet und auf der unteren Hälfte des Kreuzwegs (Rutschgefahr!), Forstwege.

Durch Hochwald geht es zum imposanten Felssturzgelände der Außerraschötz und auf ihren Gipfel. Bei guter Fernsicht hat man vom Kreuz einen freien Blick in alle Himmelsrichtungen. Anschließend geht es über die Raschötzhütte und den Kreuzweg durch den Raschötzer Wald nach St. Ulrich.

Aufstieg: Von der **Bushaltestelle** 01 aus folgt man der Straße Richtung Lajen, bis in einer Rechtskurve Schilder den Weg zur Außerraschötz weisen (Weg 8, 36). Hinter den letzten Häusern passiert man die Abzweigung nach Tschöfas, **Weg 8A** 02. Der Fahrweg taucht nun in den Wald ein und führt als breiter Forstweg bergauf (Weg 2A, dann 36). Zwischendurch hat man immer wieder schöne Blicke ins Tal sowie zum Langkofel. In einer scharfen Linkskurve mündet

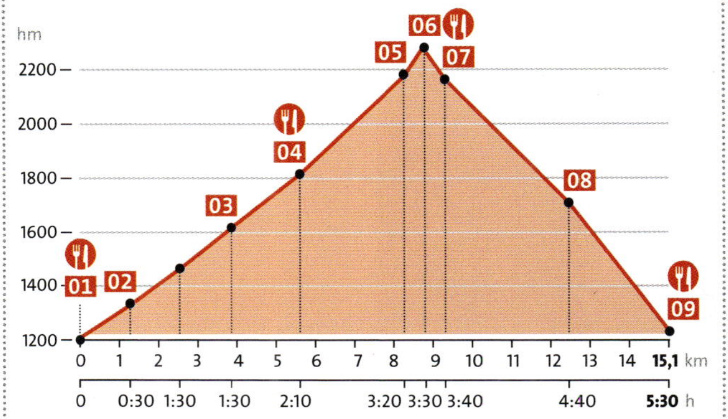

01 1209 m, St. Peter; 02 1342 m, Abzweig Weg 8A; 03 1625 m, Weggabelung 35; 04 1815 m, Ramitzler Schwaige; 05 2198 m, Kapelle; 06 2281 m, Gipfel Außerraschötz; 07 2170 m, Raschötzhütte/Beginn Kreuzweg; 08 1719 m, Beginn Steig; 09 1233 m, St. Ulrich, Bahnsteig

der Forstweg schließlich in den **Weg 35** 03 ein, hier rechts weiterlaufen. Nach rund 2 Std. ist die **Ramitzler Schwaige** 04 erreicht, sie bietet eine erste Möglichkeit zur Einkehr. Kurze Zeit später ändert sich das Landschaftsbild: Malerisch von Bergwald eingerahmt liegen rechts und links des Weges Bergwiesen und einige Hütten. Eindrucksvoll sind auch die Zirbenwälder unterhalb des Gipfels. Dann wird der Wald lichter und man schaut auf die gewaltigen Blöcke des Felssturzes.

Der Forstweg geht nun in einen gut gepflegten, gepflasterten Weg über, der teilweise durchaus steil Richtung Gipfel leitet. Schöne Aussichtspunkte laden zu einer Verschnaufpause ein, bis nach einem letzten steilen Anstieg die **Kapelle Heiligkreuz** 05 erreicht ist.

Der **Gipfel der Außerraschötz** 06 liegt zum Greifen nah und belohnt für die Anstrengungen mit einem Rundumblick vom Alpenhauptkamm über die Geislerspitzen, Sella, Marmolada und Langkofel bis zum Schlern, zur Seiser Alm und darüber hinaus.

Abstieg über den Kreuzweg: Bei der in Sichtweite liegenden **Raschötzhütte** 07 beginnt der **Kreuzweg** (Nr. 10) nach St. Ulrich, der zunächst als breiter Forstweg, ab der Hälfte als **Steig** 08 talwärts führt. Der Pflasterweg ist zwar schön anzuschauen, aber unangenehm zu laufen, vor allem bei feuchten Wegverhältnissen. Die Wanderung endet schließlich am **Bahnsteigweg in St. Ulrich** 09.

Im Felssturzgelände

Aussichtsbank am Gipfel der Außerraschötz

GRÖDNER HÖHENWEG/ VAL CUECENA

Über die Raschötzer Almen nach St. Ulrich

16,9 km | 5 h | 420 hm | 1259 hm | 59 076

START | Bergstation Standseilbahn Raschötz, St. Ulrich (im Tal kein eigener Parkplatz) [GPS: UTM Zone 32 x: 705.211 m y: 5.163.957 m]
CHARAKTER | Lange Wanderung mit herrlicher Aussicht.

Nomen est Omen: Ein aussichtsreicher Höhenweg verbindet die Außerraschötz mit den Geislerspitzen. Auch der Talweg nach St. Ulrich ist landschaftlich reizvoll.

Zum Gipfel: Von der **Bergstation** 01 zieht sich ein gepflasterter Weg (35A) sanft ansteigend über der Waldgrenze zur **Raschötzhütte** 02 und weiter zur **Kapelle Heiligkreuz** 03. Nach 10 Minuten ist der felsige Gipfelaufbau überwunden und das Holzkreuz mit geschnitzter Christusfigur erreicht. Die **Außerraschötz** 04 ist dank ihrer exponierten Lage ein hervorragender Aussichtsberg. Wie so oft in Gröden laden auch hier kunstvoll aus Holzstämmen errichtete Bänke zur Rast ein. Vom Gipfel lässt sich der Höhenweg bis zum Broglessattel verfolgen.

Ein sanft abfallender Weg führt unterhalb der Abbruchkante über die Bergwiesen zu einer Weggabelung, wo man auf den **Grödner Höhenweg** 05 trifft, der nach links zur Brogleshütte abbiegt. Über ein paar Steinstufen geht es durch einen Zirbenwald bergab, dann entlang der Ostflanke der Außerraschötz zur **Flitzer Scharte** 06 (Marterl und Viehzaun). Hier mündet von links Weg 31 aus dem Villnößtal ein (siehe Tour 42). Auf einem breiten, liebevoll mit Steinen gepflasterten Weg geht es zwischen Zirben hindurch über die Bergwiesen der Innerraschötz zum **Broglessattel** 07, von dem aus die **Brogles-**

Der Grödner Höhenweg führt unterhalb der Kämme von Außer- und Innerraschötz zum Broglessattel; dahinter die Geislerspitzen

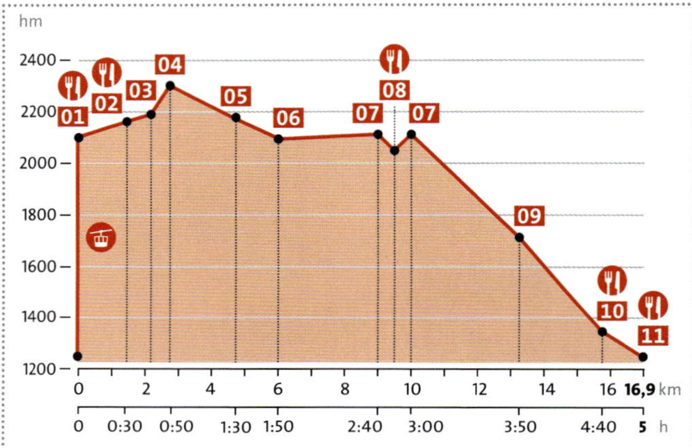

01 2094 m, Bergstation; **02** 2170 m, Raschötzhütte; **03** 2198 m, Kapelle Heiligkreuz; **04** 2281 m, Gipfel Außerraschötz; **05** 2184 m, Abzweig Grödner Höhenweg; **06** 2107 m, Flitzer Scharte; **07** 2119 m, Broglessattel; **08** 2045 m, Brogleshütte; **09** 1723 m, Abzweig Mittelstation der Seceda-Bahn; **10** 1354 m, Café Annatal; **11** 1254 m, Talstation der Seceda-Bahn

hütte 08 am Fuß der Geislerspitzen in 10 Minuten erreicht ist.

Zurück nach St. Ulrich: Am **Sattel** 07 beginnt auch der Abstiegsweg nach St. Ulrich durchs Cuecenatal (Weg 5). Nach einem kurzen Stück über Wiesen taucht man am Bach entlangwandernd in den Zirbenwald ein. Auf einem schmalen Rücken zwischen zwei Tälchen führt der Weg nun talwärts. Nach den Kaskaden, einem Marterl mit uriger Bank folgt ein Wegabschnitt, der an alte Römerstraßen erinnert: Sorgfältig wurden hier verschiedenfarbige Steine gelegt. Kurz danach ist das Bachbett des Cuecenes erreicht, wo ein Steindamm die Querung des Baches erleichtert. Auf der linken Seite des Baches führt der Weg weitgehend eben über offene Waldwiesen, bis man auf die **Abzweigung zur Mittelstation** 09 der Seceda-Bahn trifft. Wer sich für die Talfahrt entscheidet, spart sich damit rund 500 Höhenmeter. Zu Fuß geht es weiter auf Weg 5, der nun relativ steil bergab über glatt geschliffene Steine führt. Bald kommen die ersten Höfe von Furnes in Sicht. Am gegenüberliegenden Hang beeindrucken die farbigen Schichten unterhalb des Balest.

Nach wenigen Metern auf der Teerstraße weist ein Schild links ins Annatal. Der Abstieg über Bergwiesen ist kurz, aber steil, dann geht es in den Wald, kurz darauf kommt das **Café Annatal** 10 in Sicht. Talwärts wandert man über die Paulihütte zum schattigen Promenadenweg (Weg 9), der am Bach entlang in den Ort führt. Für Kinder gibt es bis zur **Talstation** 11 zahlreiche Attraktionen: einen Spielplatz, einen Hochseilgarten, Hängematten, ein Wehr und eine Holzbrücke.

VON DER SECEDA NACH ST. ULRICH

Vom höchsten Gipfel über St. Ulrich ins Tal

9,6 km | 3 h | 140 hm | 1340 hm | 59 076

START | Bergstation Umlaufbahn Seceda
[GPS: UTM Zone 32 x: 708.675 m y: 5.164.081 m]
CHARAKTER | Aussichtsreiche Wanderung über Almen und Waldwege, am Schluss der „Weg des Dialogs".

Zugegeben: Der Skiberg Seceda ist nicht der schönste Gipfel, aber er bietet an Tagen mit guter Fernsicht herrliche Weitblicke. Nur wenige Schritte sind es bis zum **Gipfelkreuz** 02, wo ein Metallkreis mit Gipfelpanorama die Orientierung erleichtert: Bringt man die metallenen Spitzen mit denen am Horizont in Übereinstimmung, erfährt man die Namen der Gipfel.

Abstieg: Von der **Bergstation** 01 läuft man zunächst auf Wirtschaftswegen. Erst geht es ein Stück nach Osten zur Hütte Sofie, dann weiter talwärts zur aussichtsreich gelegenen **Curona-Hütte** 03 oberhalb des **Cuca-Sattels** 04. Von hier führt der alte Jägersteig Troi de Tuë (Weg 6A) durch lichten Wald ohne große Aussicht, aber auch ohne großen Höhenverlust durch die Westflanke des Monte Pic zur Lichtung **Plan da Roles** 05. Über einen Grasrücken, dann wieder in den Wald eintauchend geht es hinunter zum **Aussichtspunkt Balest** 06 und weiter zur **Kirche St. Jakob** 07. Bei einem Platz mit Brunnen und Bänken beginnt der nach St. Ulrich führende **„Weg des Dialogs"** 08, der in mehreren Kehren hinunter zur Straße führt. In Porphyrsteine gemeißelte Gedanken laden unterwegs zum Innehalten ein. Höhepunkt ist eine Kapelle mit einem geschnitzten lebensgroßen Jesus. An der Straße läuft man wenige Meter nach rechts und biegt dann nochmals rechts zum **Parkplatz** 09 ab.

Über die Aschgler Alm zum Cuca-Sattel: Blick über den Monte Pic zum Langkofel, Plattkofel und der Seiser Alm

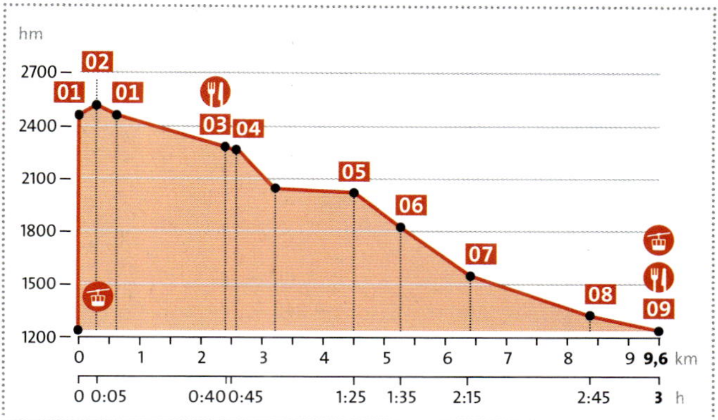

01 2456 m, Bergstation der Umlaufbahn Seceda; 02 2518 m, Gipfelkreuz; 03 2175 m, Curona-Hütte; 04 2160 m, Cuca-Sattel; 05 2010 m; Plan da Roles; 06 1823 m, Balest; 07 1572 m, St. Jakob; 08 1333 m, Beginn des „Weg des Dialogs"; 09 1254 m, Talstation der Umlaufbahn Seceda, Parkplatz

SËURASAS-ALM UND CRUJETA

Einsame Bergalm auf einem Aussichtsbalkon

8,8 km | 3:50 h | 620 hm | 620 hm | 59 076

START | St. Christina, Ortsteil Plesdinaz, Parkplatz oberhalb der Höfesiedlung Runcaudiё
[GPS: UTM Zone 32 x: 708.812 m y: 5.160.599 m]
CHARAKTER | Breite Wirtschafts- und Almwege, von der Crujeta kurze steile Passage bergab zur Plan da Roles.

Sëura Sas heißt auf Ladinisch „über den Felsen" – ein passender Name für die auf rund 2180 m liegenden Almen oberhalb eines markanten Felsbands.

Die Sëurasas-Hütte, eine 1800 errichtete Kochhütte der Almwirte, wurde 1996 neu gebaut und 2009 als Einkehrhütte eröffnet. Von der Panoramaterrasse der Hütte genießt man einen fantastischen Blick von den Cirspitzen über Sellastock, Langkofel, Plattkofel und Seiser Alm bis hin zum Schlern.

Aufstieg zur Hütte: Weg 20 zur Sëurasas-Hütte ist ab dem **Parkplatz** 01 durchgehend mit Holzschildern markiert. Bei der Weggabelung an der Wasserfassung zweigt links der talwärts führende Weg 4 Richtung St. Jakob ab. Der **Weg 20** 02 zweigt am Brunnentrog von diesem ab und verläuft moderat ansteigend als breiter Ziehweg durch lichten Bergwald. Nach wenigen Minuten mündet von links ein weiterer Aufstiegsweg zur Hütte (20A) ein. In einer langen, nach Osten führenden

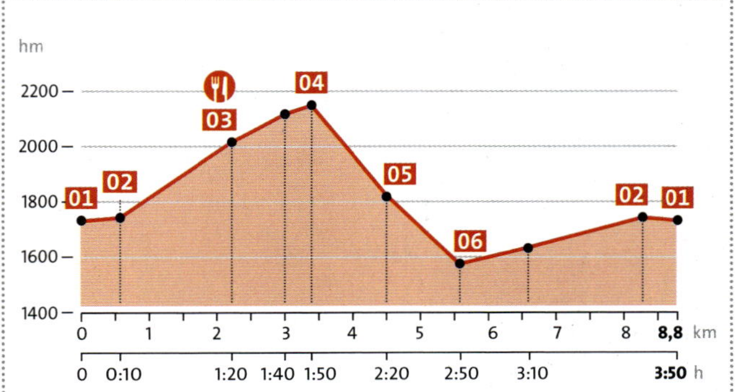

01 1741 m, Parkplatz Runcaudiё; 02 1756 m, Abzweig Weg 20; 03 2020 m, Sëurasas-Hütte; 04 2149 m, Kreuz; 05 1823 m; Balest; 06 1572 m, St. Jakob

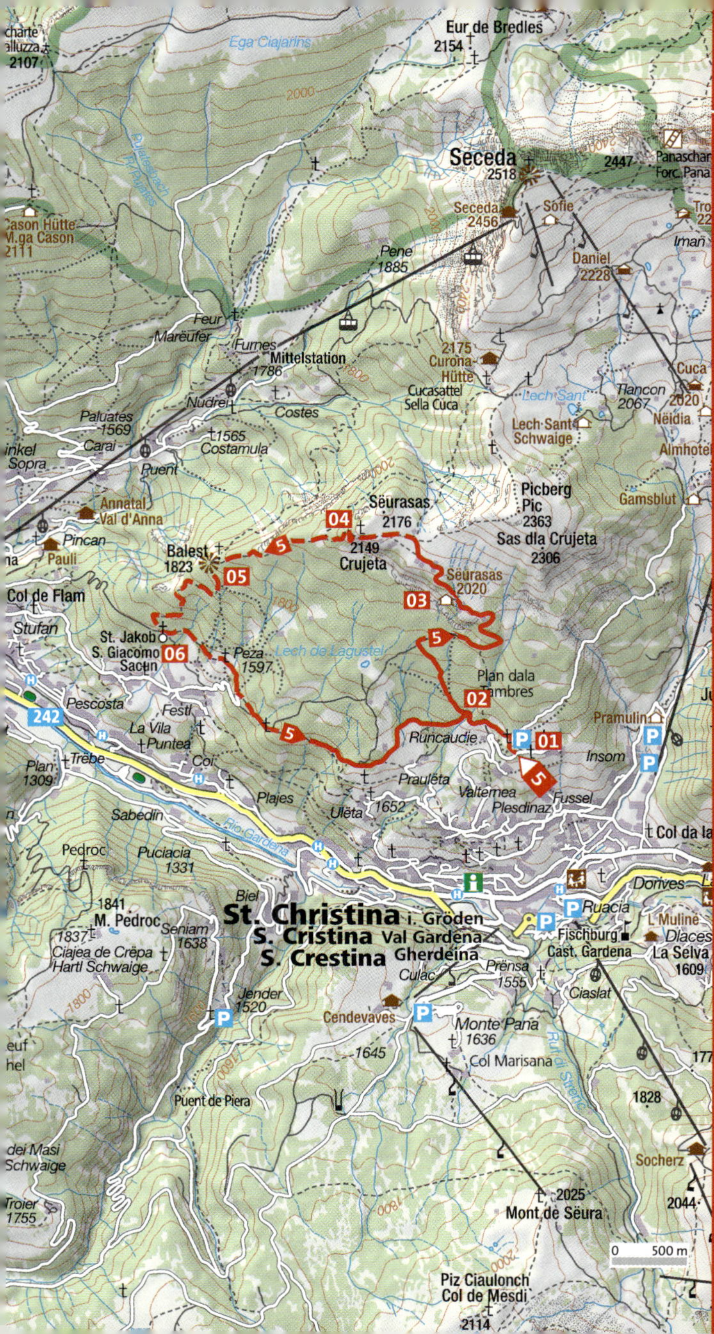
Eur de Bredles
2154
Ega Ciajarins
2107
Seceda
2518
2447
Panaschar
Forc. Pana
Seceda
2456
Sofie
Cason Hütte
M.ga Cason
2111
Pene
1885
Iman
Daniel
2228
Feur
Mareüfer
Furnes
Mittelstation
1786
2175
Curona
Hütte
Cucasattel
Sella Cuca
Lech Sant
Tlancon
2067
Cuca
2020
Nëidia
Nudrei
Costes
Paluates
1569
Carai
1565
Costamula
Lech Sant
Schwaige
Almhotel
Sopra
Puent
Annatal
Val d'Anna
Pincan
Pauli
Sëurasas
2176
04
2149
Crujeta
Picberg
Pic
2363
Sas dla Crujeta
2306
Gamsblut
Balest
1823
05
Sëurasas
2020
03
Col de Flam
Stufan
St. Jakob
S. Giacomo
06
Sacun
Peza
1597
Lech de Lagustel
Plan dala
Tambres
02
242
Pescosta
Festl
La Vila
Puntea
Runcaudie
01
Pramulin
Trebe
Plan
1309
Coi
Insom
Plajes
Prauleta
Valtemea
Plesdinaz
Fussel
Sabedin
Ulëta
1652
Col da la
Rio Gardena
Pedroc
Puciacia
1331
Dorives
Biel
1841
M. Pedroc
St. Christina I. Gröden
S. Cristina Val Gardena
S. Crestina Gherdeina
Ruacia
Seniam
1638
Fischburg
Cast. Gardena
L Muline
Dlaces
La Selva
1609
1837
Ciajea de Crëpa
Hartl Schwaige
Culac
Prënsa
1555
Ciaslat
Jender
1520
Cendevaves
Monte Pana
1636
1645
Col Marisana
Ruf di Sitrenc
1828
Puent de Piera
Socherz
dei Masi
Schwaige
Troier
1755
2025
Mont de Sëura
2044
0
500 m
Piz Ciaulonch
Col de Mesdi
2114

Auch im Mai kann es in diesen Höhen noch schneien: Blick auf die Felsburg des Sellastocks von den Almhütten der Sëurasas-Alm aus

Kehre werden die Ausläufer des Felsbands unterhalb der Almen umrundet (ein kleines Stück der Kehre kann abgekürzt werden). Nach der Kehre ist die Waldgrenze erreicht, vorbei an einer Almhütte und Zirben geht es nur noch leicht ansteigend mit immer offenerem Blick zur **Sëurasas-Hütte** 03.

Zur Crujeta: Hinter der Hütte leitet ein in Teilen betonierter Almweg steil bergauf zu den Almhütten der Sëurasas-Alm. Gleich danach zweigt rechts der Weg zum Monte Pic ab (Nr. 6). Schon von hier aus ist im Westen die Crujeta zu sehen. Die 2149 m hoch liegende Felskanzel oberhalb von St. Ulrich wird von einem **Kreuz** 04 der Bildhauer Vinzenz Peresti und Batista Walpoth gekrönt. Diese haben den lebensecht wirkenden Christus aus einem vor Ort gewachsenen Zirbenstamm herausgearbeitet.

Abstieg nach St. Jakob: Unmittelbar beim Kreuz beginnt der im Felsbereich steile Abstieg zur Plan da Roles. Auf dem Berggrat des Monte Pic geht es, abgesehen von zwei Lichtungen, meist ohne Aussicht talwärts durch den Wald. Zweimal steht man jedoch an der eindrucksvoll steil nach Westen abbrechenden Felskante mit schönem Talblick Richtung St. Ulrich. An der Felskanzel **Balest** 05 mündet der von Furnes kommende historische Steig Troi Paian (Nr. 8) in den Weg ein. Weiter geht es moderat abfallend durch den Wald zur berühmten Kirche **St. Jakob** 06.

Rückweg nach Runcaudië: Bei der Kirche folgt man dem Wegweiser Praulëta/St. Christina (Nr. 32) und nimmt den linken, bergwärts führenden Weg. Der später abbiegende Weg 20A zur Sëurasas-Hütte wird ignoriert. Bei einer weiteren Verzweigung (rechts geht es über die Ulëta-Höfe nach St. Christina, Nr. 32) folgt man dem linken Weg 4, der am Waldrand entlang oberhalb der Bergwiesen der Runcaudië-Höfe leicht ansteigend zurück zur Quellfassung und weiter zum **Parkplatz** 01 führt.

MONTE PIC • 2363 m

Leichter Panoramaberg über Gröden

9,7 km | 3:25 h | 670 hm | 670 hm | 59 076

START | St. Christina, Ortsteil Plesdinaz, Parkplatz oberhalb der Höfesiedlung Runcaudiё
[GPS: UTM Zone 32 x: 708.812 m y: 5.160.599 m]
CHARAKTER | Breite Güterwege und Wiesensteige.

Dank seiner exponierten Lage ist der Monte Pic ein herrlicher Aussichtsberg, der ohne große Mühen einfach bestiegen werden kann.

Aufstieg: Gestartet wird am **Wanderparkplatz** 01 oberhalb der Runcaudiё-Höfe. Dort den Wegweisern Richtung Col Raiser, Regensburger Hütte, Fermeda und Gamsbluthütte (Weg 4) folgen, an der Wasserfassung rechts halten. Zunächst ansteigend, geht es später weitgehend höhenparallel auf einem Güterweg zur **Gamsbluthütte** 02, die am Waldrand liegt. Von dort ist der Weg über Almwiesen zu den Hütten Cuca und Fermeda ausgeschildert. Bei der **Fermeda-Hütte** 03 folgt man Weg 2 Richtung Westen zum Cuca-Sattel. Schon von weitem ist der schmale Pfad 6, der sich den Wiesenrücken zum Monte Pic hinaufzieht, zu sehen. Malerisch ist der Blick über die hügelige Aschgler Alm Richtung Montijela und Monte Stevia sowie der eindrucksvollen Felsburg Sella oder Richtung Norden zur Seceda und den Geisler-

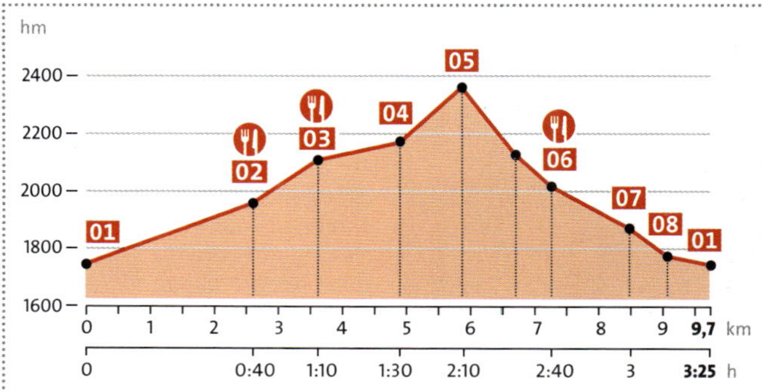

01 1741 m, Wanderparkplatz; 02 1952 m, Gamsbluthütte; 03 2109 m, Fermeda-Hütte; 04 2165 m, Kreuz am Gipfelweg 6; 05 2363 m, Monte Pic; 06 2020 m, Sёurasas-Hütte; 07 1870 m, Wegkreuzung (Abzweig Weg 20A); 08 1758 m, Weggabelung (Abzweig Weg 4)

Blick zurück über die Aschgler Alm, im Hintergrund die Geislerspitzen

spitzen. Etwa auf halber Strecke lädt ein **Kreuz** 04 zu einem kurzen Abstecher ein. Zum Schluss etwas steiler ansteigend ist schon bald der **Gipfel des Monte Pic** 05 erreicht, den eine Bank mit Blick auf Sella, Langkofel und Seiser Alm krönt.

Der Weg zum Gipfel

Abstieg zur Sëurasas-Hütte: Steil sind die Hänge nach Süden hin zu den Almen von Sëurasas. Entsprechend steil führt auch der Weg über die Wiesen und vorbei an einzelnen Zirben zum Sattel und einer Wegkreuzung. Rechts ist die Crujeta zu sehen, links malerisch ein paar Almhütten vor der Kulisse von Cirspitzen, Sellastock und Langkofel. Weiterhin steil geht es zwischen Bäumen hindurch zur **Sëurasas-Hütte** 06.

Vorbei an weiteren Almgebäuden wandert man nun einen breiten Forstweg talwärts, in einer weit gezogenen Rechtskuve führt die Straße um das markante Felsband herum, auf dem die Alm liegt. An einer **Wegkreuzung** 07 den Weg 20 links Richtung Regensburger Hütte und Aschgler Alm nehmen.

An der nächsten **Weggabelung** 08 (Brunnen) auf Weg 4 kurz nach links aufwärts zur Wasserfassung laufen und von dort in wenigen Schritten bergab zum **Parkplatz** 01 absteigen.

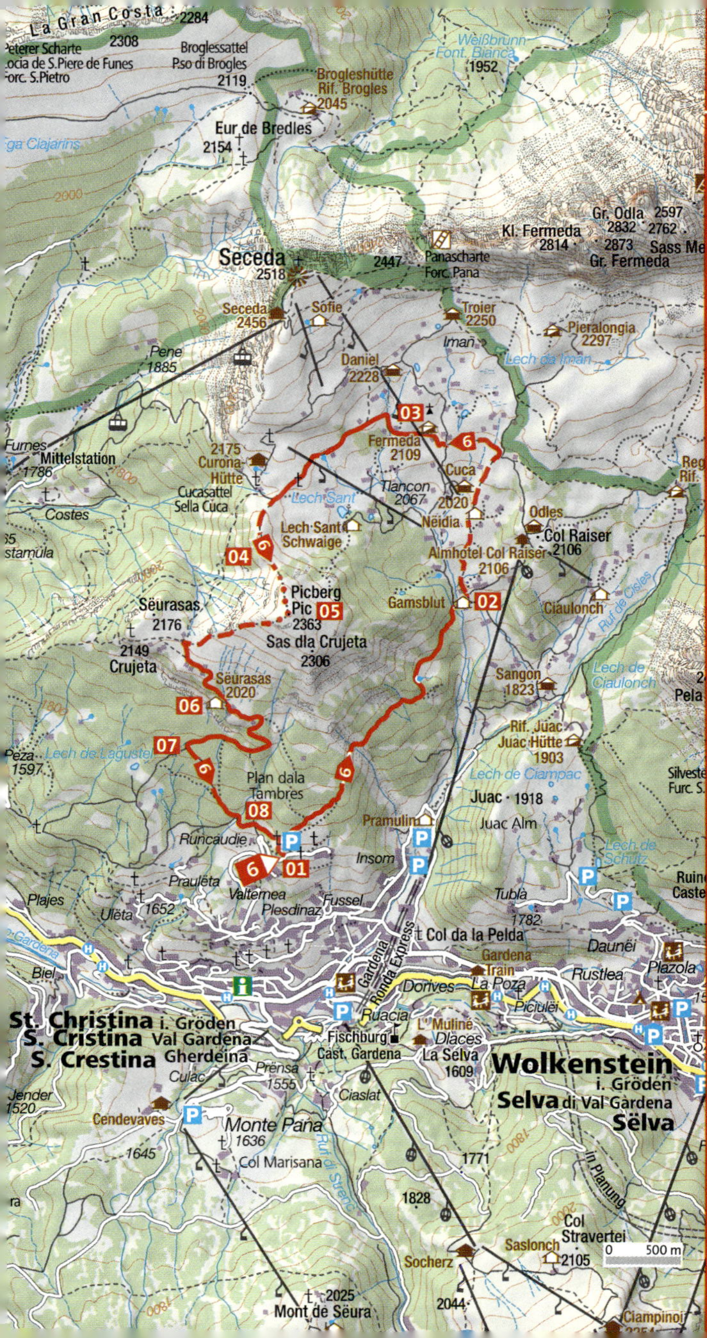
La Gran Costa
2284
Peterer Scharte
Locia de S.Piere de Funes
Forc. S.Pietro
2308
Broglessattel
P.so di Brogles
2119
Brogleshütte
Rif. Brogles
2045
Weißbrunn
Font. Bianca
1952
Eur de Bredles
2154
2000
Seceda
2518
2447
Panascharte
Forc. Pana
Kl. Fermeda
2814
Gr. Odla
2832
2597
2762
2873
Sass Me
Gr. Fermeda
Seceda
2456
Sofie
Troier
2250
Pieralongia
2297
Iman
Lech da Iman
Pene
1885
Daniel
2228
03
Fermeda
2109
6
Furnes
Mittelstation
1786
2175
Curona-
Hütte
Cucasattel
Sella Cuca
Costes
Lech Sant
Tlancon
2067
Cuca
2020
Lech Sant
Schwaige
Nëidia
Odles
Col Raiser
2106
Almhotel Col Raiser
2106
04
Picberg
Pic
05
2363
Gamsblut
02
Ciaulonch
Ruf de Cisles
Sëurasas
2176
Sas dla Crujeta
2306
2149
Crujeta
Sëurasas
2020
06
Sangon
1823
Lech de Ciaulonch
Pela
07
Rif. Juac
Juac Hütte
1903
Peza
1597
Lech de Lagustel
Plan dala
Tambres
Lech de Ciampac
Juac · 1918
Juac Alm
Silveste
Furc. S.
08
Pramulin
Runcaudie
Insom
Lech de Schutz
6
01
Praulëta
Valtemea
Plesdinaz
Fussel
Tublà
1782
Ruin
Caste
Plajes
Ulëta
1652
Gardena Ronda Express
Col da la Pelda
Daunëi
Gardena
Train
Plazola
Rustlea
Biel
Dorives
La Poza
Piciulëi
St. Christina i. Gröden
S. Cristina Val Gardena
S. Crestina Gherdeina
Ruacia
Fischburg
Cast. Gardena
L' Mulinë
Dlaces
La Selva
1609
Wolkenstein
i. Gröden
Selva di Val Gardena
Sëlva
Culac
Prënsa
1555
Ciaslat
Jender
1520
Cendevaves
Monte Pana
1636
1645
Col Marisana
Ruf di Sterno
1771
In Planung
1828
Col
Stravertei
2105
Saslonch
Socherz
0 500 m
2025
Mont de Sëura
2044
Ciampinoi

7

LEGENDENWEG VON ST. CHRISTINA NACH ST. JAKOB

Alte Höfe und kunsthistorische Kleinode

5,8 km | 1:45 h | 230 hm | 290 hm | 59 076

START | Pfarrkirche von St. Christina
[GPS: UTM Zone 32 x: 708.122 m y: 5.159.749 m]
CHARAKTER | Der Hinweg ist bis auf den Schlussanstieg nach St. Jakob angenehm zu laufen. Auf dem Rückweg ist das Wegstück zwischen den Ulëta-Höfen und dem Ortsende von St. Christina sehr steil. Wer sich unsicher fühlt, kann alternativ der Fahrstraße folgen und erst im Ort zur Kirche absteigen.

Der familienfreundliche Legendenweg (ladinisch: Troi dla Lijenda) wurde erst 2012 angelegt: Mit nur 40 m Höhenunterschied ist er auch mit Kinderwägen gut befahrbar. Er endet beim Bauernhof Festl in St. Jakob, einem Ortsteil von St. Ulrich. Von dort ist es nicht mehr weit zur ältesten Kirche Grödens. Auf mehreren Tafeln wird entlang des Wegs die Legende von Ritter Gebhard von Stetteneck erzählt, dessen Schloss Balest sich im 14. Jh. oberhalb des Annatals befunden haben soll.

▶ **Legendenweg:** Wer nördlich an der **Pfarrkirche** 01 vorbei nach Westen läuft, kommt über eine Steinbrücke, unter der hindurch einst die Grödenbahn gefahren ist. Zwei großformatige Fotos von der Brücke bzw. vom Eingang zum Kehrtunnel erinnern an das beliebte Verkehrsmittel. Nach der Brücke weisen Hinweisschilder

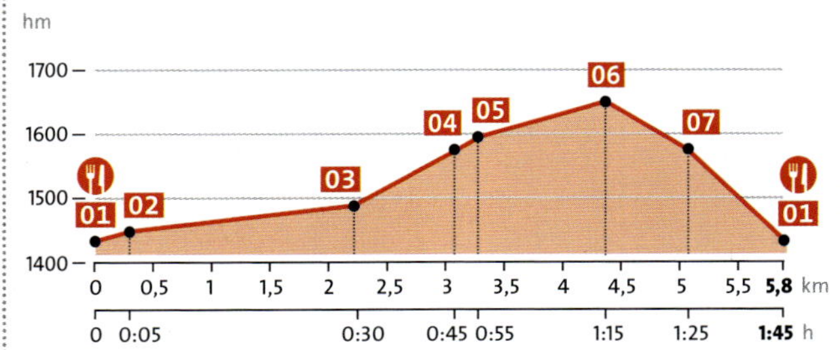

01 1432 m, Pfarrkirche St. Christina; 02 1445 m, Parkplatz der Residence Sovara; 03 1484 m, Hof Festl; 04 1572 m, Kirche St. Jakob; 05 1597 m; Hof Peza; 06 1645 m, Abzweig Weg 32; 07 1577 m, Ulëta-Höfe

St. Jakob

Die älteste Kirche des Tales ist eines der Wahrzeichen Grödens. Erstmals urkundlich erwähnt wird sie Ende des 13. Jh. Ihr Patron, der hl. Jakob, ist der Schutzheilige der Pilger und Wanderer.

Die viel fotografierte Kirche liegt in der Nähe des alten Handelswegs Troi Paian. Auf der Südfassade befindet sich ein spätgotisches Fresko des hl. Christophorus, innen spätgotische Fresken (Ende des 15. Jh.).

Einer der ältesten Höfe des Tales: Hof Peza westlich von St. Jakob

den Weg nach St. Jakob (32A) und zum Legendenweg, der hinter dem **Parkplatz der Residence Sovara** 02 (Privatparkplatz) beginnt. Der neu angelegte Weg ist teilweise durch einen massiven Holzzaun zum Tal hin abgesichert und führt durch lichten Bergwald. Unterwegs bietet er immer wieder mal einen schönen Blick auf das Jendertal bzw. talauswärts nach St. Ulrich. Der Legendenweg endet oberhalb des **Hofes Festl** 03, an der Straße biegt man nach rechts und gleich wieder nach links ab (Weg 32). Der Schlussanstieg hinauf nach St. Jakob führt über Wiesen und zuletzt in den Wald hinein.

Rückweg über Ulëta-Höfe: Nach dem Besuch der **Kirche** 04 folgt man den Wegweisern Richtung Praulëta und Plesdinaz (Weg 32) Richtung Westen und erreicht nach kurzer Zeit eine Lichtung mit dem alten **Hof Peza** 05, der um 1100 zum ersten Mal erwähnt wurde und inzwischen unter Denkmalschutz steht. Die Gemeinde hat ihn gekauft und plant, ihn zu einem Museum umzuwidmen. In einer Kehre verlässt man den Fahrweg und folgt der Beschilderung 32/4 Richtung Regensburger Hütte. Nach einem Wetterkreuz wird der links abzweigende Weg Richtung Sëurasas ignoriert.

An einer weiteren Weggabelung zweigt **Weg 32** 06 rechts ab und führt relativ steil bergab aus dem Wald hinaus zu den **Höfen von Ulëta** 07 – mit herrlichem Blick Richtung Sella und den Cirspitzen. Schilder weisen den Weg zwischen Zäunen und Gebäuden hindurch Richtung St. Christina. An der Villa Pastura vorbei stößt man auf die Teerstraße Richtung Plesdinaz, die man aber hinter den untersten Häusern von Ulëta gleich wieder verlässt, um über extrem steile Bergwiesen am Waldrand entlang auf Rasenbetonsteinen talwärts zu laufen. Der Weg endet beim Haus Pilon wieder auf einer Teerstraße, der man Richtung Ort folgt. Zwischen den Gebäuden des Hotel Uridl hindurch ist kurz darauf der **Kirchplatz** 01 erreicht.

CISLESALPE UND ASCHGLER ALM

Zu Füßen der Großen und Kleinen Fermeda

7,7 km | 2:30 h | 454 hm | 454 hm | 59 076

START | Bergstation Col Raiser, St. Christina
[GPS: UTM Zone 32 x: 710.328 m y: 5.162.711 m]
CHARAKTER | Leichte, aussichtsreiche Wanderung über Bergwiesen.

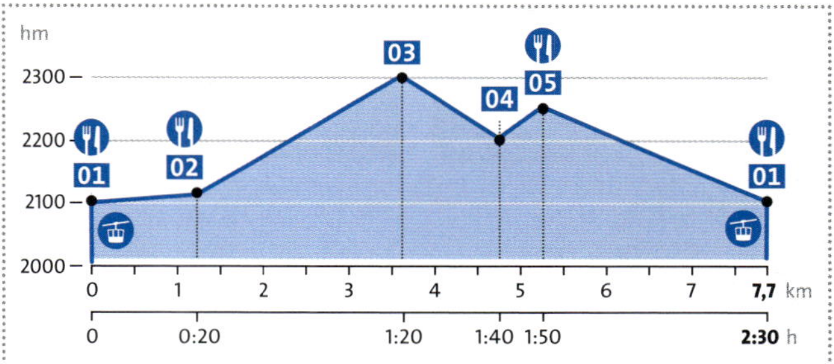

01 2106 m, Bergstation Col Raiser; 02 2040 m, Regensburger Hütte; 03 2297 m, Pieralongia; 04 2205 m, Lech da Iman; 05 2250 m, Troier Hütte

Diese Wanderung sollte man im Frühjahr unternehmen, wenn die Bergwiesen am schönsten blühen.

Zur Regensburger Hütte: Von der **Bergstation** 01 ist der einfache Weg zur Schutzhütte mit schönem Blick auf den Col da la Pieres und den Piz Duleda ausgeschildert. Von der Terrasse der **Regensburger Hütte** 02 genießt man einen herrlichen Blick zum Langkofel.

Wanderung über die Cislesalpe: Links vom Weidezaun bei der Hütte folgt man Weg 13 Richtung Wasserscharte. Moderat ansteigend geht es mit Blick Richtung Geislerspitzen durch die Almwiesen, vorbei an Lärchen, Zirben und Latschen, bis der Höhenweg 2B unterhalb der Wände von Großer und Kleiner Fermeda erreicht ist. Nun geht es links Richtung Seceda, Malga Pieralongia und Troier Hütte.

„Wahrzeichen" der Cislesalpe ist der **Pieralongia** 03, ein kleiner Felsturm, der irgendwann von den Fermedawänden abgebrochen ist. Zu diesem führt ein kleiner Pfad hinunter, über einen Weidezaun hinweg und dann unterhalb des Felsens an diesem vorbei. Der schmale Wiesenweg mündet schließlich in den Wanderweg 8 ein, der Richtung Troier Hütte und Panascharte leitet. Am **Lech da Iman** 04 und einigen maleri-

Frühling auf den Almen: Pieralongia (links) und Fermeda-Kapelle

schen Hütten vorbei ist bald die **Troier Hütte** **05** mit Spielplatz erreicht. Von ihrer Terrasse genießt man einen weiten Blick über die Cislesalpe und die nach Westen anschließende Aschgler Alm, aber auch über das Tal hinweg in Richtung Sellastock, Langkofelmassiv und Seiser Alm.

Zurück zur Bergstation: Ein Fahrweg führt talwärts Richtung Daniel-Hütte. Noch vor dieser biegt man nach links auf den breiten Fahrweg ein. Ein schönes Fotomotiv ist die aus Feldsteinen errichtete Fermeda-Kapelle. Schilder weisen den Weg zurück zur Odles-Hütte und zur **Bergstation** **01**.

Aschgler Alm im Herbst nach der Mahd: Blick nach Nordosten

Geisler Alm
1996
Gschnagenhardt-alm
2006
Laite Va Piz
Costa
2284
2308
Broglessattel
P.so di Brogles
2119
Brogleshütte
Rif. Brogles
2045
Weißbrunn
Font. Bianca
1952
Eur de Bredles
2154
3025
Sas Rigais
Mittagsscharte
Forc. de Mesdi
Gr. Odla
2832
2597
2762
Kl. Fermeda
2814
2873
Sass Mesdi
Gr. Fermeda
Seceda
2518
2447
Panascharte
Forc. Pana
Col da
Seceda
2456
Sofie
05
Troier
2250
03
8
04
Pieralongia
2297
Iman
Lech da Iman
Pene
1885
Daniel
2228
Fermeda
2109
2175
Curona-Hütte
Cucasattel
Sella Cuca
Lech Sant
Tlancon
2067
Cuca
2020
Regensburger Hütte
Rif. Firenze in Cisles
2040
02
Lech Sant Schwaige
Nëidia
01
Odles
Col Raiser
Almhotel Col Raiser
2106
2106
Picberg
Pic
2363
Sas dla Crujeta
2306
Gamsblut
Ciaulonch
Ruf de Cisles
2552
M. Stevia
Sëurasas
2176
2149
Crujeta
Sëurasas
2020
Sangon
1823
Lech de Ciaulonch
2493
Pela de Vit
Rif. Juac
Juac Hütte
1903
Lech de Ciampac
Plan dala Tambres
Silvesterscharte
Furc. S.Silvester
2280
Juac
1918
Juac Alm
Pramulin
Runcaudie
Insom
Lech de Schütz
Ruine Wolkenstein
Castel Wolkenstein
Prauleta
1652
Valterrea
Plesdinaz
Fussel
Tublà
1782
Col da la Pelda
Gardena Ronda Express
Gardena Train
Daunëi
Plazola
1608
Dorives
La Poza
Rustlea
1563
Ruacia
Piciulëi
Fischburg
Cast. Gardena
L' Muline
Dlaces
La Selva
1609
1645
Wolkenstein
i. Gröden
Selva di Val Gardena
Sëlva
Sai Uedli
1773
Prënsa
1555
Culac
Ciaslat
Monte Pana
1636
Col Marisana
1645
Ruf di Sëura
1771
1828
in Planung
Frëina
Costa
Fungëia
1589
Col
0
500 m

REGENSBURGER HÜTTE • 2040 m

Leichter Zustieg ab St. Christina

3,8 km | 1:30 h | 483 hm | 0 hm | 59 076

START | Parkplatz der Talstation Col-Raiser-Bahn, St. Christina [GPS: UTM Zone 32 x: 709.723 m y: 5.160.469 m]
CHARAKTER | Wanderung auf dem Güterweg zur Hütte.

Die Regensburger Hütte (Rifugio Firenze) ist zentral gelegen und für viele Wanderer ein wichtiger Stützpunkt, von dem aus man in der Früh zu Wanderungen in der Geisler- oder Puezgruppe aufbrechen kann. Aber auch viele, die nur über die Almen wandern, kehren hier unterwegs ein.

Zwei Startpunkte: Die Wanderung kann wahlweise in St. Christina (Bushaltestelle am Kreisel, über Plan da Tieja auf Weg 1 zur Talstation; 30 Min., 1,2 km) oder an der **Talstation der Col-Raiser-Seilbahn** 01 begonnen werden. Um von dort nicht der Teerstraße folgen zu müssen, empfiehlt es sich, oberhalb des obersten Parkplatzes über die Wiesen zur Pramulinhütte aufzusteigen und erst dort auf den asphaltierten Fahrweg zu wechseln. Dieser führt zunächst am Cislesbach entlang relativ steil bergauf. Hinter einem kleinen Parkplatz enden die Betonstreifen, kurz darauf kommt

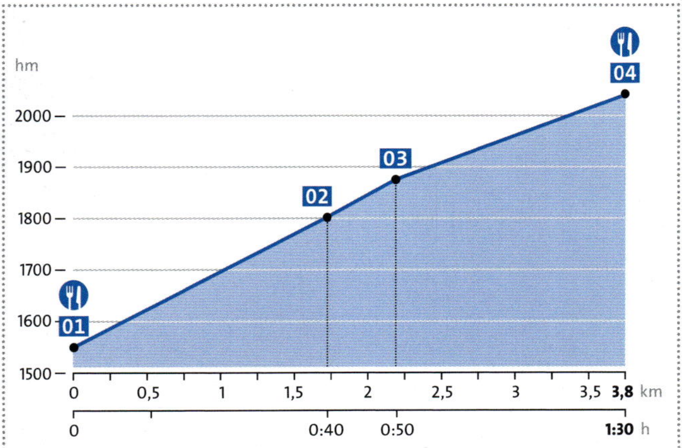

01 1550 m, Talstation Col-Raiser-Bahn; 02 1806 m, Abzweig zur Gamsbluthütte; 03 1875 m, Lech de Ciaulonch; 04 2040 m, Regensburger Hütte

Regensburger Hütte

Die Schutzhütte ist die älteste Grödens und wurde 1888 von der Sektion Regensburg unterhalb der Geislerspitzen auf der Cislesalpe errichtet. Nach dem Ersten Weltkrieg fiel die Hütte an Italien und wurde 1920 von der italienischen Alpenvereinssektion Florenz übernommen, weshalb sie heute auch den Namen Rifugio Firenze in Cisles trägt. Von der Hütte hat man einen herrlichen Blick auf die Seiser Alm und das Langkofelmassiv.
www.rifugiofirenze.com

eine Weggabelung: Rechts führt der Fahrweg in einer steilen Kurve bergauf, links zweigt Weg 1 ab, der 100 m weiter rechts in den Wald abbiegt und durch diesen hindurch nach rund 400 m wieder auf den Fahrweg trifft. Vorbei an einem Wegkreuz geht es weiter bergauf, bis die Sangon-Hütte in Sicht kommt. Hier zweigt links der **Weg zur Gamsbluthütte** **02** ab.

Weiter auf Weg 1 geht es nun in den Wald und am Cislesbach entlang moderat bergauf. Landschaftlicher Höhepunkt ist der malerische **Lech de Ciaulonch** **03**, in dem sich an windstillen Tagen die Geislerspitzen spiegeln. Wer im Frühsommer unterwegs ist, wird vielleicht Bauern sehen,

Morgens ist es noch ruhig auf der Hüttenterrasse

die selbst kleinste Buckel und Mulden in teilweise mühseliger Handarbeit mähen. Am Waldrand und entlang der Bergwiesen geht es weiter bergwärts. Nach dem Abzweig zur Pizascharte (17B) kommen bald ein Nebengebäude der Schutzhütte und dahinter die Wände der Geislerspitzen in Sicht. Rechter Hand beeindruckt die Westwand der Montijela (2644 m), von der sich mächtige Schuttfächer talwärts erstrecken. Noch eine letzte Kurve, dann ist die **Regensburger Hütte** 04 erreicht.

Abendstimmung am Lech de Ciaulonch

UMRUNDUNG DER WESTLICHEN GEISLERSPITZEN

Rundweg über Panascharte und Mittagsscharte

10,8 km | 5:20 h | 1067 hm | 1134 hm | 59 076

START | Bergstation Col Raiser, St. Christina
[GPS: UTM Zone 32 x: 710.328 m y: 5.162.711 m]
CHARAKTER | Durch die vielen Höhenmeter anstrengend, Trittsicherheit und Schwindelfreiheit nötig, Seilversicherung. Derzeit ist der Übergang über die Panascharte aus Sicherheitsgründen gesperrt (Stand: Dez. 2022)

Eine grandiose Hochgebirgswanderung, die die beiden Seiten der Geislerspitzen zeigt: auf der Südseite die Bergwiesen der Aschgler Alm, auf der Nordseite die schroffen Abbrüche des Gebirgsstocks.

▶ **Aufstieg zur Panascharte:** Die Tour beginnt mit einem gemütlichen Aufstieg von der **Bergstation Col Raiser 01** über die Troier Hütte zur Panascharte, der Weg ist ab der Odles-Hütte ausgeschildert. Besonders schön präsentieren sich die Bergwiesen im Frühjahr und Frühsommer, ab Juli kann man den Bergbauern bei der beschwerlichen Mahd zuschauen. Auf den

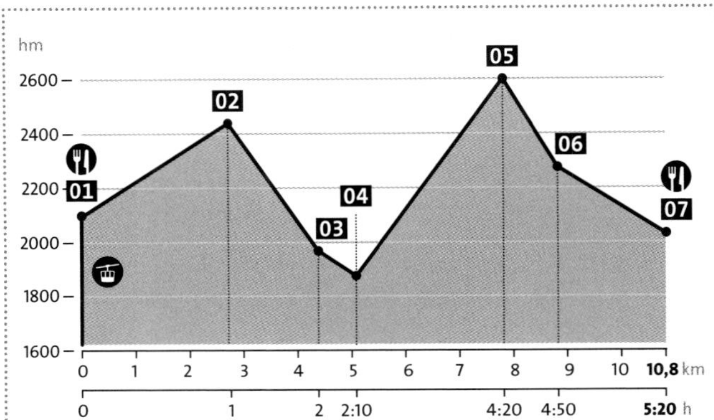

01 2106 m, Bergstation Col Raiser; **02** 2447 m, Panascharte; **03** 1977 m, Adolf-Munkel-Weg; **04** 1883 m, Abzweig zur Mittagsscharte; **05** 2597 m, Mittagsscharte; **06** 2276 m, Einmündung Weg 2B; **07** 2040 m, Regensburger Hütte

Blick von Süden in die Mittagsscharte, links von ihr die Türme und Spitzen von Sass Mesdi, Großer Odla sowie Großer und Kleiner Fermeda

letzten Metern unterhalb der Panascharte ist der Weg recht steil und mit Geländer gesichert. Eindrucksvoll erheben sich die Türme der Kleinen Fermeda (2640 m) vor dem Wanderer. Bei den Wegweisern steht man zwischen zwei alpinen Welten: hinter einem die lieblichen Bergwiesen, vor einem die schroffe und jäh in die Tiefe stürzende felsige Schlucht, die nicht wirklich einladend aussieht.

Der steile, schmale Weg durch die **Panascharte** **02** ist nicht einfach zu gehen, denn die Rutschgefahr ist auf den vielen Steinchen recht groß. Doch der Weg ist an den entscheidenden Stellen mit Seilen gesichert und überhaupt vorbildlich mit Holzbohlen und Holztritten angelegt – anders käme man allerdings bei dem Gefälle auch nicht heil hinunter! Mächtige Felsbrocken liegen auf losem Schotter und zeigen, dass hier starke Erosionskräfte wirken.

Nach dem Verlassen der eigentlichen Schlucht biegt von Weg 6 (der zur Brogleshütte führt) der Zustiegsweg 6A zum Adolf-Munkel-Weg ab. Hier an der Abzweigung ist in der Ferne schon der kehrenreiche Anstieg zur Mittagsscharte zu erahnen. Doch zunächst wandert man sanft abfallend über Schotterfelder unterhalb der steilen Wände talwärts, zwischen mächtigen Felsblöcken und Bäumen hindurch in den lichten Wald hinein. Ist der **Adolf-Munkel-Weg** **03** erreicht, folgt man diesem für einige Minuten nach rechts bis zur Fontana Bianca (Weißbrunn).

Aufstieg zur Mittagsscharte: Hier weist ein Schild den **Weg zur Mittagsscharte (Forcella di Mesdi)** **04** und zum Sas Rigais (Weg 29). Vom tiefsten Punkt der Wanderung geht es nun zum höchsten Punkt, der Scharte, hinauf. Sie liegt schon gut erkennbar zwischen Sass Mesdi (2762 m, rechts) und Sas Rigais (3025 m, links). Ein Schotterband zieht sich vom oberen Drittel durch die Wiesen und Latschen talwärts. Durch diese verläuft der Weg nun bergauf, zahllose Kehren sorgen dafür, dass man nicht zu sehr aus der Puste kommt. Nach dem ersten Drittel des Anstiegs werden die Kehren immer spitzer und kürzer, im oberen Drittel führt der Steig zum Hangfuß des Sas Rigais und an diesem entlang zur eigentlichen **Mittagsscharte** 05. Über den Sattel hinweg kommen die westlichen Ausläufer der Puezgruppe mit Forces de Siëles, Siëles-Scharte und Col dala Pieres in Sicht. Am Sattel beginnt auch einer der Klettersteige auf den Sas Rigais.

Abstieg: Der Weg ist auf den ersten 400 m extrem steil und rutschig, aber ausreichend ausgetreten und markiert. Am Fuß der Felswände ist dann wieder angenehmer Almboden **(Einmündung Weg 2B)** 06 erreicht, der Weg 13 zur Regensburger Hütte ist gut ausgeschildert und nach dem steilen Abstieg die reine Wohltat. Rund 30 Minuten sind es nun noch zur **Hütte** 07.

PIZ DULEDA • 2909 m

Eindrucksvoller Blick auf die Südwände der Geislerspitzen

10,6 km | 4:40 h | 980 hm | 980 hm | 59 076

START | Regensburger Hütte
[GPS: UTM Zone 32 x: 711.307 m y: 5.163.015 m]
CHARAKTER | Beide Aufstiegsvarianten erfordern Trittsicherheit und Schwindelfreiheit, bei Variante 1 ein kurzer Klettersteig, ein Klettersteigset und ein Steinschlaghelm sind empfehlenswert.

Der westlichsten der Puezspitzen fehlen zwar knapp 100 m zum „echten" Dreitausender, sie bietet aber dennoch eine grandiose Fernsicht. Von hier aus genießt man u. a. einen eindrucksvollen Blick in die Wände und Türme des Sas Rigais. Auf den Piz Duleda führen zwei Wege, einer über den kurzen Nives-Klettersteig, der andere (einfachere) über die Siëles-Scharte.

Zur Regensburger Hütte 01: siehe Tour 9.

Von der Regensburger Hütte folgt man Weg 2/3, der am rechten Rand eines sehr flachen Geröllbettes an

Aufstieg zur Roa-Scharte, rechts der Piz Duleda

den Schuttkegeln der Montijela vorbei Richtung Nordosten führt. Vor allem im Morgenlicht präsentieren sich die Geislerspitzen von ihrer schönsten Seite. Nach kurzer Zeit biegt der Puezsteig (Weg 2/3) nach rechts ins Siëles-Tal ab und steigt rechts der Tiefenlinie auf eine erste Geländestufe an. Dort zweigt links **Weg 3 ins Roa-Tal 02** ab.

Aufstiegsvariante 1: Roa-Scharte und Nives-Klettersteig

Der Weg zum Klettersteig führt über die **Roa-Scharte 03**. Dort angekommen, zweigt ein gut einseh-

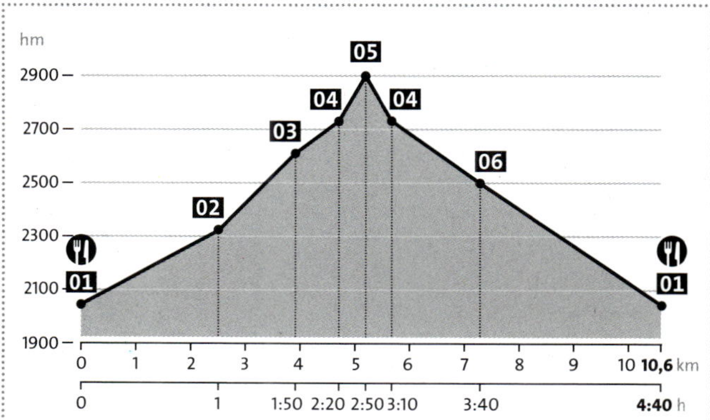

01 2040 m, Regensburger Hütte; 02 2322 m, Abzweig ins Roa-Tal; 03 2617 m, Roa-Scharte; 04 2740 m, Nives-Scharte; 05 2909 m, Gipfel des Piz Duleda; 06 2505 m, Siëles-Scharte

Der Kammweg von der Siëles-Scharte zum Piz Duleda

barer Steig (3A) nach rechts ab, er leitet über Geröll unterhalb einer lang gezogenen Felswand zum Einstieg des Klettersteigs. Über Bänder, Blöcke und eine kleine Schlucht, die mittels einer Leiter überwunden wird, steigt man rasch auf und kommt auf ein Geröllfeld, über das in wenigen Minuten die **Nives-Scharte 04** erreicht ist.

Aufstiegsvariante 2: Siëles-Scharte
An der Weggabelung ins **Roa-Tal 02** folgt man dem geradeaus führenden Puezsteig 2, der an einigen Geröllfeldern vorbei Richtung Scharte führt. Am Ende des Tals geht es in mehreren Kehren steiler ansteigend zur **Siëles-Scharte 06** hinauf. Oben biegt man nach links ab und steigt wenige Meter unterhalb des Kamms auf seiner Ostseite zwischen Felsen bergwärts. Wo es nötig ist, ist der Steig mit Drahtseilen gesichert. Bei schlechter Sicht ist große Vorsicht geboten, denn es geht teilweise auf beiden Seiten steil bergab. Immer wieder bieten sich zwischen bizarren Felstürmen hindurch spektakuläre Blicke auf die Geislerspitzen und die Roa-Scharte. Ein Wegweiser markiert die Abzweigung des Dolomiten-Höhenwegs 2 Richtung Puezhütte. Laut Wegweiser ist es jetzt noch 1 Std. bis zum Gipfel. Weiter geht es über den nun zunehmend flacher und breiter werdenden Höhenrücken zur **Nives-Scharte 04**.

Zum Gipfel: Von der Scharte, an der beide Wege zusammentreffen, führt ein unmarkierter, aber gut sichtbarer Steig über den breiten Rücken und am Schluss am Rand des Nordabfalls zum **Gipfel 05**.

Abstieg: Der Rückweg zur **Regensburger Hütte 01** erfolgt über die **Siëles-Scharte 06**.

ÜBER DIE ROA-SCHARTE INS VILLNÖSSTAL

Von der Regensburger Hütte zur Schlüterhütte

9,6 km | 3:50 h | 838 hm | 579 hm | 59 076

START | Regensburger Hütte
[GPS: UTM Zone 32 x: 711.307 m y: 5.163.015 m]
CHARAKTER | Eindrucksvolle Tour ohne technische Schwierigkeiten, Trittsicherheit beim Abstieg in der Roa-Scharte erforderlich.

Eine abwechslungsreiche Wanderung über eine gut zu meisternde Scharte führt von Gröden ins Villnößtal zu einer schönen Hütte.

Zur Regensburger Hütte 01: siehe Tour 9.

Zur Roa-Scharte: Von der Hütte geht es Richtung Roa-Scharte (Weg 2/3). Über Bergwiesen, durch Latschen hindurch und weiter über den flachen Talboden wandert man Richtung Norden, dann Richtung Osten ins Siëles-Tal. Der Steig mit ein paar Felspassagen verläuft erst auf die Siëles-Scharte zu und zweigt dann ins **Roa-Tal 02** ab.

Kurz unterhalb der Roa-Scharte

Über Grashänge geht es gemütlich aufwärts, schon bald wird der Piz Duleda sichtbar. Links von seinen Wänden wird die Roa-Scharte von einem scheinbar riesigen (natürlichen) Steinmännchen gekrönt. Beim Schlussanstieg geht es in wenigen Kehren über den Geröllhang hinauf zur **Scharte 03**. Hier stößt man auf den Dolomitenweg 2, der nach rechts hinauf zur Nives-Scharte und weiter zur Puezhütte führt.

Abstieg zur Schlüterhütte: Wie bei allen Scharten kann man sich auch hier auf die überraschenden Ausblicke jenseits des Sattels freuen. Weit reicht der Blick bis hin zu den Grasbergen Medalges und Sobutsch oberhalb der Medalgesalm. Doch zunächst heißt es, in vielen, zum Glück nicht zu rutschigen Kehren die Scharte abzusteigen, die links und rechts von steil aufragenden Felstürmen eingerahmt wird. Nachdem das steilste Stück überwunden ist, führt der Weg um

Der „Panoramaweg“ unterhalb von Medalges und Sobutsch: Blick auf die Nordseite der Roa-Scharte (links) und den Wegverlauf zum Kreuzjoch

eine Felsnase herum und im weiteren Verlauf weitgehend hangparallel über Geröll und später Bergwiesen. Von links mündet Weg 13 von der Wasserscharte in den Weg ein. Rechts ziehen sich die Schutthänge noch weit ins Tal hinunter, der Weg bleibt aber auf der Höhe und verläuft aussichtsreich an einigen bizarren Felsnasen vorbei, die von einzelnen Zirben bestanden sind – ein nettes Plätzchen für eine Pause mit spektakulärem Blick zurück in die steile Roa-Scharte.

Einen schönen Blick auf die Nordwände der Geislerspitzen bis hin zur Innerraschötz genießt man von der Bank am **Kreuzjoch** 04. Hier mündet von links Weg 6 ein, der weiter unten vom Adolf-Munkel-Weg abzweigt. Vom Kreuzjoch sind es nur wenige Meter bis zur Medalgesalm, von deren Terrasse aus sich der bisherige Weg ab der Scharte nachvollziehen lässt.

Der letzte Abschnitt ist ein weiteres Schmankerl, denn er führt kurz unterhalb von Medalges und Sobutsch über Bergwiesen zum **Sattel unterhalb des Sobutsch** 05. Von dort genießt man einmal mehr einen grandiosen Blick: Der Peitlerkofel erhebt sich im Norden, Richtung Osten blickt man über die Berge des Gadertales hinweg auf die Pragser und Sextener Dolomiten. Im Südosten erheben sich die Tofanen, im Süden der Kamm der Puezspitzen. Bei Medalges und Sobutsch (siehe Tour 49) handelt es sich um eine schräg aufgestellte grasbewachsene Pultscholle, die

Schlüterhütte (2306 m)

Das 1898 errichtete Schutzhaus liegt inmitten von Almwiesen mit eindrucksvollem Blick auf die Geislerspitzen. Die Hütte fiel nach dem Ersten Weltkrieg an Italien und wurde von der Sektion Genova betreut – daher der italienische Name Rifugio Genova. Die Hütte mit ihrer gemütlichen Stube wurde vom derzeitigen Hüttenwirt liebevoll renoviert.

Col di Poma
2422
Kaserillalm
1920
Zendleser Kofel
Alm
Schlüterhütte
Rif. Genova
2340
12
07
2306
Kreuzkofeljoch
Pso Poma
Furc. de Munt de F
Bronsoijoch
Zanseralm
Rif. Zanes
685
Sass Rigais
1689
1975
Gampenwiese
Gampenalm
2062
06
05
2421
Kreuzbühl
1993
1902
Glatschalm
uslerhütte
782
Juval
2454
2486
12
Tschant-
schenon
1928
2293
Medalges
2293
04
Kreuzjoch
Furc. de Furcia
Campiller Turm
2599
2356
2010
Sas dal' Ega
2924
2610
3030
Furchetta
12
2026
3025
Sas Rigais
2967
Sas dla Porta
Mittagsscharte
Forc. de Mesdi
597
62
ss Mesdi
Forcela dal' Ega
Wasserscharte
2642
2187
Piz Sompl
2711
2490
Col da la Crusc
F.la de la Roa
2617
La Canseles
2718
Piz Duleda
03
2909
Pizes de Pöz
Piza de Pöz
2913
2846
2613
Furcela Nives
Nives-Scharte
2740
2662
12
02
Montijela
2644
Regensburger Hütte
Rif. Firenze in Cisles
2040
12
01
Forc. Forces
de Sièles
2505
2747
Col dala Pieres
Plan
Dusac
Col de Dusac
2333
Forc. de Piza
2489
Mescula
2552
M. Stevia
2493
Pela de Vit
2312
Steviahütte
Rif. Stevia
2228
Ciastel
Silvesterscharte
Furc. S.Silvester
2280
Ciamp Sciblota
2344
2426
Ciastel de Chedul
Mont de Sëura
2548
0
500 m
Lech de

Familienfreundliche Schlüterhütte mit herrlichem Blick auf die Nordseite von Medalges und Sobutsch, im Hintergrund die Geislerspitzen

auf der Südseite sanft ansteigt, nach Norden jedoch steil abbricht. Vom **Sattel** 05 geht es daher zunächst einmal durch schrofiges Gelände die Nordostflanke des Sobutsch auf einem gut begehbaren Weg abwärts. Von links mündet unterhalb der Felswand am **Bronsoijoch** 06 Weg 33 ein. Die in einer Mulde liegende **Schlüterhütte** 07 versteckt sich hinter dem pyramidenförmigen Grasberg Bronsoi.

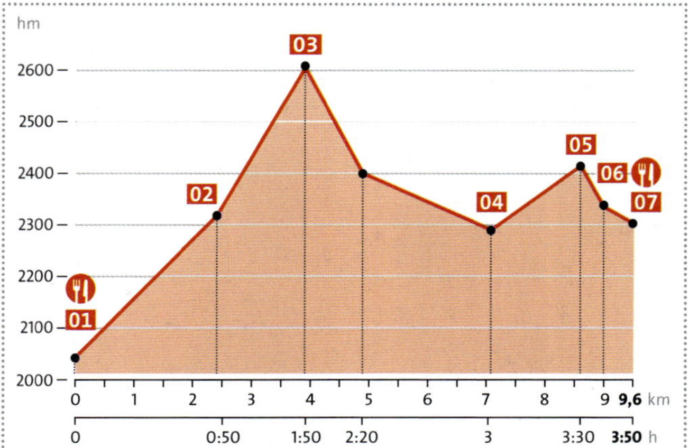

01 2040 m, Regensburger Hütte; 02 2326 m, Abzweig ins Roa-Tal; 03 2617 m, Roa-Scharte; 04 2293 m, Kreuzjoch; 05 2421 m, Sattel unterhalb des Sobutsch; 06 2338 m, Bronsoijoch; 07 2306 m, Schlüterhütte

KREUZWEG IN WOLKENSTEIN

Besinnlicher Spazierweg zu Füßen der Steviawände

4,7 km | 1:20 h | 154 hm | 154 hm | 59 076

START | Wanderparkplatz im Wolkensteiner Ortsteil Daunëi [GPS: UTM Zone 32 x: 711.033 m y: 5.160.365 m]
CHARAKTER | Leichter Spazierweg, kinderwagentauglich.

Zwei kunsthistorisch interessante Highlights liegen am Weg: die Kapelle St. Silvester und die Ruine Wolkenstein. Der Spazierweg ist einer der ältesten in Gröden, 1983 schnitzten einheimische Künstler die Stationen der Leidensgeschichte Christi in Baumstämme.

Vom **Parkplatz** 01 geht es zunächst 200 m auf der Straße bergab bis zur Kehre unterhalb der Wasserfassung, hier biegt der Zuweg zum **Wanderweg 17A** 02 ab. An der Weggabelung der Beschilderung Langental folgen. Bei einem Picknickplatz betritt man den Naturpark Puez-Geisler; der Kiesweg mit vielen Bänken führt nun oberhalb von Wolkenstein entlang. Kurze Zeit später wird der **Beginn des Kreuzwegs** 03 erreicht.

Der breit angelegte Weg führt etwas oberhalb des Talbodens ohne nennenswerte Steigungen ins Langental. Nach etwa 20 Min. (Kreuzwegstation VI) rücken die mächtigen Steviawände ins Blickfeld. Nach der Kreuzwegstation VII zweigt links der **Pfad** 04 zur Ruine Wolkenstein ab. Wenig später ist ein Teil des Bergfrieds, der unmittelbar an die Felswände gebaut wurde, zu erkennen. Weiter ins Langental hineinlaufend genießt

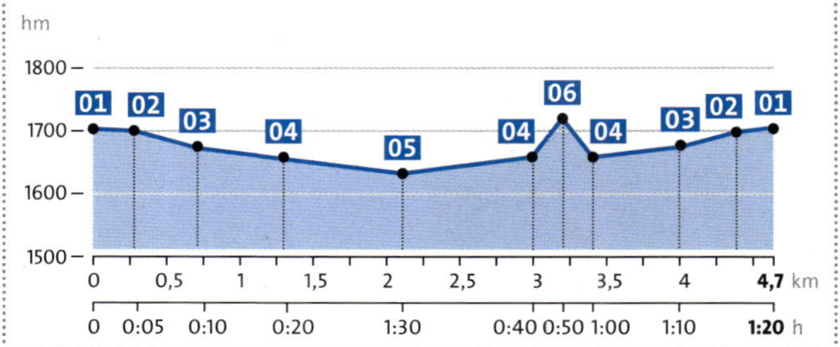

01 1707 m, Wanderparkplatz Daunëi; 02 1701 m, Wanderweg 17A; 03 1680 m, Beginn des Kreuzwegs, Weg 26; 04 1658 m, Weg zur Ruine Wolkenstein; 05 1633 m, Kapelle St. Silvester; 06 1723 m, Ruine Wolkenstein

Blick von der Ruine auf Wolkenstein, im Hintergrund das Sellajoch

man einen herrlichen Blick Richtung Osten auf die Wände des Val de Chedul und der Cirspitzen. Der Weg mündet nach der Kreuzwegstation XIV in die Bergwiesen rund um die **Kapelle St. Silvester** 05.

Rückweg: wie Hinweg.

Kreuzwegstation

Ruine Burg Wolkenstein

Ein kurzer **Pfad** 04 führt, teilweise über Treppen, die mit Geländer gesichert sind, hinauf zur **Burgruine** 06, die in 10 Minuten erreicht ist (65 m Höhenunterschied).

Die 1225 erstmals urkundlich erwähnte Burg Wolkenstein am Eingang des Langentals bewachte den historischen Handelsweg Troi Paian, der über Wolkenstein zum Grödner Joch und Sellajoch führte. Die unterhalb der Steviawände erbaute Burg hatte einen dreieckigen Grundriss. 1293 erwarb sie Randolf von Villanders, der Ahnherr der Tiroler Dynastie Wolkenstein-Trostburg, 1407 fiel sie an Michael von Wolkenstein, dem Bruder von Oswald von Wolkenstein (um 1377–1445). Dieser war als Minnesänger, Liedermacher und Dichter bekannt und häufig auf Burg Wolkenstein bei seinem Bruder zu Gast. Wenn Oswald nicht gerade als Diplomat durch ganz Europa reiste, wohnte er auf Burg Hauenstein oberhalb von Seis.

Blick von der Ruine ins Val de Chedul und auf die Kapelle St. Silvester

DER PALOTASTEIG ZUR STEVIOLA

Eindrucksvoller Steig über Wolkenstein

5,8 km | 2:45 h | 582 hm | 582 hm | 59 076

START | Wanderparkplatz im Wolkensteiner Ortsteil Daunëi [GPS: UTM Zone 32 x: 711.033 m y: 5.160.365 m]
CHARAKTER | Steiler, aber ausgebauter Steig, vor der Einmündung in den Weg zur Steviahütte eine etwas ausgesetzte, ungesicherte Stelle. Trittsicherheit und Schwindelfreiheit sind hier nötig.

Vom Val de Chedul ist die Steviola-Hochweide besonders gut zu erkennen. An drei Seiten fallen die Wände steil ab, über die Südseite führt der Palotasteig.

Aufstieg zur Steviola: Vom **Wanderparkplatz** 01 geht es wenige Schritte zurück auf der Straße, bis in der ersten Rechtskurve links ein Pfad abbiegt, der auf einen Querweg stößt. Hier nach links bergauf, bis nach ungefähr 5 Min. ein Wegweiser den Beginn des **Palotasteigs** 02 anzeigt. Zunächst durch Wald geht es auf gut ausgebautem Weg in mehreren Kehren steil bergauf. Je höher man kommt, desto beeindruckender sind die Tiefblicke nach Wolkenstein, zum Langkofel und zum Sellajoch. Über einen steinigen Pfad geht es Richtung Baumgrenze, bis schließlich die Felswände erreicht sind. Ein getreppter Steig führt nun unterhalb der eindrucksvollen Südwände in weiteren Kehren bergauf, bis schließlich die Cirspitzen und die Wände des Val de Chedul am höchsten Punkt des

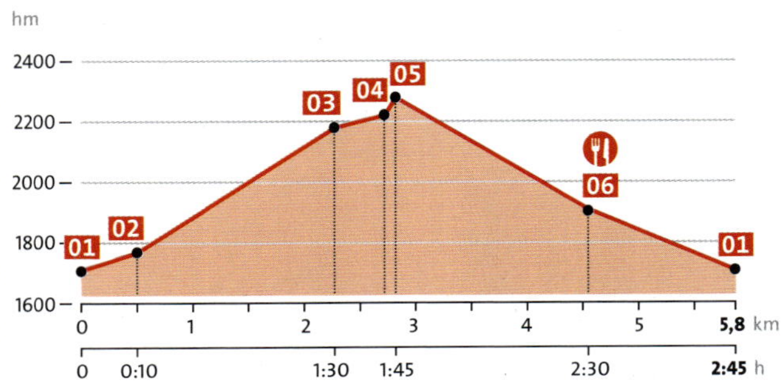

01 1707 m, Wanderparkplatz Daunëi; 02 1765 m, Palotasteig; 03 2190 m, abgestorbener Baum; 04 2220 m, Abzweig zur Steviahütte; 05 2280 m, Silvesterscharte; 06 1903 m, Juac Hütte

Gr. Odla 2597
Mittagsscharte
Forc. de Mesdi
Kl. Fermeda 2832 2762
2814 2873
Sass Mesdi
Gr. Fermeda
Panascharte
Forc. Pana
2447
Wasserscharte
Furc. Mont dal'Ega
2642
Roa-Scharte
F.la de la Roa
2617
2490
Col da la Crusc
Kanzeln
La Canseles 2718
Troier 2250
Pieralongia 2297
Iman
Lech da Iman
2613
Daniel 2228
Fermeda 2109
Cuca 2020
Tlancon 2067
Nëidia
Montijela 2644
Regensburger Hütte
Rif. Firenze in Cisles
2040
Odles
Col Raiser
Almhotel Col Raiser 2106
2106
2747
Col dala P
Gamsblut
Ciaulonch
Ruf de Cisles
Pizascharte
Forc. de Piza
2489
2552
M. Stevia
Col
Mëscula
Sangon 1823
Lech de Ciaulonch
2493
Pela de Vit
Rif. Juac
Juac Hütte 1903
06
14
05
2312
Steviahütte
Rif. Stevia
2228
Ciastel
Lech de Ciampac
Juac 1918
Juac Alm
Silvesterscharte
Furc. S.Silvester
2280
04
03
Pramulin
Insom
Lech de Schulz
02
Ruine Wolkenstein
Castel Wolkenstein
La Ciajota
St.Silvester
Tublà
1782
14
01
Col da la Pelda
Daunëi
Gardena
Train
La Poza
Dorives
Rustlea
Plazola
Ciampac
Baita Ciampac
Sas dal Fu
2023
Pize
2224
Ruacia
Piciulëi
1563
1608
1658
Frainela
L Muline
Dlaces
La Selva
1609
Gardena
Wolkenstein
i. Gröden
Selva di Val Gardena
Sëlva
1645
Sai Uedli
1773
Pastura
1747
Muliac
Costa
1923
Funt. Bon Ega
1771
1828
in Planung
Frëina
Pra Valentini
Plan
1605
Fungeia
1589
Linacia
1688
242
1622
Col
Stravertei
Saslonch
2105
Socherz
2086
Piz Culac
2044
2191
Ciampinoi
2254
2054
Sela de Culac
2018
243
Gérard
1982
1884
Tiejasattel
Sella Tieja
2127
2069
Rif. Vallongia
2030
Ciadinat
2003
Piz Sella
2239
1789
Plan de Gralba
1806
0 500 m
Rif. E. Comici
2153
Langkofel
Piz do Bugons
2069

Eindrucksvoll sind die senkrechten Wände des Steviola-Plateaus

Weges zu sehen sind. Ein **abgestorbener Baum** 03 markiert den Beginn des Steviola-Plateaus, auf dem im Sommer Schafe weiden.

Auf dem Steviola-Plateau: Von hier bietet sich ein Panoramablick nicht nur zur Puez-Hochebene, sondern auch auf die eindrucksvollen Cirspitzen, den Sellastock und die Langkofelgruppe. Wahrzeichen des kleinen Plateaus, das nach Westen, Süden und Osten steil abfällt, ist das von Wolkenstein gut sichtbare Kreuz mit einer Christusfigur, unter der eine Bank zum Rasten einlädt. Die Seiser Alm, der Monte Pic und die Almen unterhalb von Seceda und Geislerspitzen liegen zum Greifen nah. Nicht umsonst wird die Stelle auch als „Aussichtsbalkon" von Wolkenstein bzw. von Gröden bezeichnet.

Abstieg über die Silvesterscharte: Richtung Norden geht es nun weiter um eine Anhöhe herum und dann einige Meter bergab in die Silvesterschlucht hinein. Vorsicht: Der exponierte Steig ist nicht versichert. Durch ein Viehgatter hindurch erreicht man den **Abzweig** 04 zur Steviahütte (ca. 15 Min. Marsch bergauf). Wer nicht einkehren will, steigt in einigen Kehren hinauf zur Silvesterscharte (Weg 3, Richtung Juac Hütte), die das Steviola-Plateau von der Stevia, einem zur Puezgruppe gehörenden Gebirgsstock, trennt.

Von der **Silvesterscharte** 05 führt ein sehr gut ausgebauter und befestigter Steig zunächst steil durch die Felswand bergab und geht dann in einen angenehm zu gehenden Waldweg über, der über einen Wiesenrücken zur schön gelegenen **Juac Hütte** 06 führt. Von der modern gebauten Einkehrhütte genießt man einen herrlichen Blick auf die Geislerspitzen. Mit Blick auf Sella und Langkofel wandert man nun die letzten 200 Höhenmeter über Wiesen und am Waldrand entlang bergab zum **Wanderparkplatz** 01.

COL DALA PIERES • 2747 m

Aussichtsberg über der Cislesalpe

12,3 km 5 h 980 hm 980 hm 59 076

START | Regensburger Hütte
[GPS: UTM Zone 32 x: 711.307 m y: 5.163.015 m]
CHARAKTER | Beim Auf- und Abstieg müssen kleine, mit Stahlseilen versicherte Felspassagen überwunden werden. Trittsicherheit und Schwindelfreiheit sind hier notwendig.

Eine grandiose Wanderung mit steilen Scharten, spitzen Felstürmen, blühenden Almwiesen sowie Fernblicken zu den wichtigsten Gebirgsmassiven der westlichen Dolomiten.

Aufstieg zur Regensburger Hütte 01: siehe Tour 9.

Zum Gipfel: Der erste Teil der folgenden Wanderung bis zur Sièles-Scharte wird in Tour 11 beschrieben.

Auf der **Sièles-Scharte 03** angekommen, biegt man nach rechts ab, ein auf den Fels gemalter Hinweis „Stevia" neben einer rot-weiß-roten Markierung ist nicht zu übersehen. Zunächst auf einem schmalen Grat, dann auf wenigen, mäßig steilen Kehren wird die Nordwand des Berges überwunden. Wo es nötig ist, ist der Weg versichert. Unbedingt beim Aufstieg ab und zu zurückschauen: Von der Nordwand aus lässt sich der komplette Wegverlauf über den Kamm zur Nives-Scharte und weiter zum Gipfel des Piz Duleda (siehe Tour 11) verfolgen.

Auf dem **Gipfelplateau** geht es am Plateaurand kurz westwärts zum eigentlichen Gipfel, Markierungen und Steinmännchen helfen bei schlechter Sicht bei der Orientierung. Das **Gipfelkreuz des Col dala Pieres 04** wurde etwas abseits des Weges errichtet.

Vom Gipfel zur Steviahütte: Zurück auf Weg 17 steigt man über die Südwestabdachung des Berges in einer großen Kehre ab, Treppen und Stahlseile erleichtern den Abstieg im oberen Teil. Ein gut zu erkennender und markierter Weg führt nach den Treppen in einem weiten Bogen über Schotterfelder am Fuß der Wände des Montijela (2644 m) entlang um das obere Ende des Talkessels herum zu den Weiden der Stevia-Alm. An Haifischflossen erinnern die nach Westen gekippten Schollen oberhalb der Regensburger Hütte. Über die Grashänge führt der Weg zum Teil relativ nah an der Abbruchkante entlang zur **Pizascharte 05**. Sie ist kaum zu verfehlen, wird sie doch von einer hoch aufragenden Felssäule dominiert, von der man nicht weiß, wie lange sie wohl noch stehen wird. Von der Kante aus überblickt man die gesamte Cislesalpe und die Aschgler Alm. (Von der Scharte ist man in etwa

Die Pizascharte: Rechts ein kleiner Teil des Gipfelaufbaus des Col dala Pieres, von dort führt der Weg zu den Grashängen der Stevia-Alm

1 Std. bei der Regensburger Hütte, Treppen und Seilversicherungen erleichtern den Abstieg.) Über die Wiesen der Stevia-Alm geht es mit Blick Richtung Langkofel weiter zur Steviahütte, die lange nicht zu sehen ist, da sie sich hinter einem Hügel versteckt. Faszi-

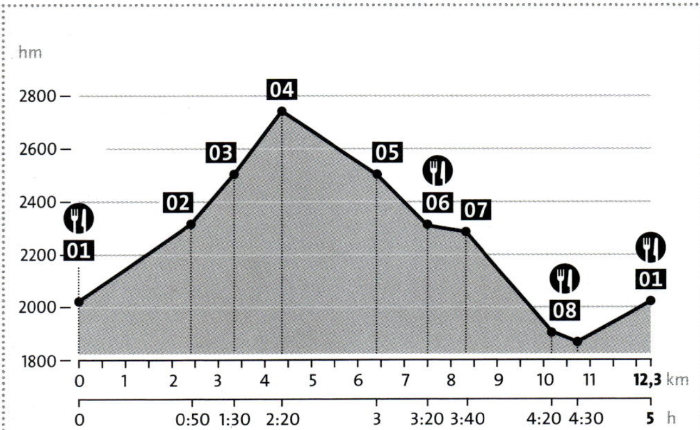

01 2040 m, Regensburger Hütte; **02** 2326 m, Abzweig ins Roa-Tal; **03** 2505 m, Sièles-Scharte; **04** 2747 m, Col dala Pieres; **05** 2489 m, Pizascharte; **06** 2312 m, Steviahütte; **07** 2280 m, Silvesterscharte; **08** 1903 m, Juac Hütte

Campiller Turm
2599
2356
Wasserstuhl
2610
Wasserkofel
2924
3030
Furchetta
3025
Sas Rigais
2967
Torkofel
Sas dla Porta
Mittagsscharte
Forc. de Mesdi
Gr. Odla
2832
2597
2762
Kl. Fermeda
2814
2873
Sass Mesdi
Gr. Fermeda
Wasserscharte
Furc. Mont dal'Ega
2642
Roa-Scharte
F.la de la Roa
2617
Piz Duleda
2909
2490
Col da la Crusc
Kanzeln
La Canseles
2718
Pieralongia
2297
Lech da Iman
2613
Nives-Scharte
Furcela Nives
2740
2662
02
Montijela
2644
03
Forc. Forces de Sïeles
2505
01
Regensburger Hütte
Rif. Firenze in Cisles
2040
15
Odles
Col Raiser
2106
Col Raiser
2747
Col dala Pieres
04
05
Pizascharte
Forc. de Piza
2489
Col de Dusac
2333
Mëscula
Ciaulonch
Ruf de Cisles
2552
M. Stevia
Sangon
1823
Lech de Ciaulonch
2493
Pela de Vit
06
Rif. Juac
Juac Hütte
1903
2312
Steviahütte
Rif. Stevia
07
08
Silvesterscharte
Furc. S.Silvester
2280
2228
Ciastel
2426
Ciastel de C
1918
Juac Alm
Lech de Schutz
2319
Ruine Wolkenstein
Castel Wolkenstein
La Ciajota
St.Silvester
Tublà
1782
Pelda
Gardena Train
Daunëi
Plazola
Rustlea
Ciampac
Baita Ciampac
Sas dal Fuech
2023
Cir V
2520
1608
1658
Frainela
Pizes Cuecenes
2224
2368
2351
Piciulëi
1563
Dantercepies
2298
1645
Wolkenstein
i. Gröden
Selva di Val Gardena
Sëlva
Sai Uedli
1773
Pastura
1747
Muliac
Panorama
2130
Costa
1923
Funt. Bon'Ega
Frëina
2252
Bustac
Pra Valentini
in Planung
Plan
1605
Linacia
1688
Fungëia
1589
Col Stravertei
Saslonch
2105
242
1622
0
500 m

Steviahütte (Baita Stevia) und Steviawände

Die Steviahütte ist ein schönes Wanderziel, bietet sich doch von ihr ein toller Blick in die Wände des Langen- und Chedultals sowie auf die Cirspitzen. Rund um die Hütte sollte man aufmerksam in den Himmel schauen: In den Felswänden hat ein Steinadlerpaar seinen Horst. Die Hütte, in der man nicht übernachten kann, wurde vor einigen Jahren renoviert. Anfang Juni bis Ende September hat sie geöffnet, Tel. +39 347 3053879; www.stevia.bz.it

nierender noch als die nun ins Blickfeld kommenden Cirspitzen ist ein scheinbar von den Wänden losgelöstes Felsplateau oberhalb des Langentals. Nach Umrundung einer Kuppe kommt endlich die **Steviahütte** **06** in Sicht, zu der man über die Weiden absteigt.

Rückweg über Silvesterscharte: Auch der Rückweg ist spektakulär. Zunächst wandert man mit eindrucksvollen Blicken in die Tiefe an den Wänden des Pela e Vit (2493 m) entlang. Hier sollte man nach dem Felstor links des Weges Ausschau halten!

Zur Regensburger Hütte überquert man jedoch die **Silvesterscharte** **07**, auf der ein Weidezaun das Vieh der Stevia-Alm vom Abstieg ins Nachbartal abhalten soll. Ein hervorragend ausgebauter Steig führt zunächst durch den oberen, felsigen Abschnitt talwärts, nach einem schmalen Felsdurchbruch, vor dem eine Marienstatue in einem Felsvorsprung steht, leitet der Weg in einen lichten Wald, um dann auf die Weiden rund um die **Juac Hütte** **08** zu führen. Ein Bohlenweg überspannt eine Feuchtstelle, dann geht es über Bergwiesen an Holzhütten vorbei zum Lech de Ciaulonch. Ab hier auf dem Zufahrtsweg zur **Regensburger Hütte** **01** zurück.

Abstieg über den Palotasteig: Noch unterhalb der Silvesterscharte zweigt links ein Pfad zur Steviola ab, von der der Palotasteig (17A) in 1½ Std. hinunter nach Wolkenstein führt.

Puezhütte und Puezkofel • 2725 m

Grandioser Blick über die Gherdenacia

9,9 km | 4:20 h | 950 hm | 510 hm | 59 076

START | Regensburger Hütte
[GPS: UTM Zone 32 x: 711.307 m y: 5.163.015 m]
CHARAKTER | Ab der Siëles-Scharte luftige, zum Teil ausgesetzte Kammwanderung, teilweise seilversichert.

Eine interessante Wanderung zwischen zwei Hütten, die in gänzlich unterschiedlichen alpinen Landschaften liegen: Während die Regensburger Hütte am Rand der Cisles Alpe liegt, wurde die Puezhütte auf der kargen Puez-Hochfläche errichtet.

▶ **Aufstieg zur Regensburger Hütte** 01 siehe Tour 9. Bis zur **Siëles-Scharte** 03 folgt man zunächst dem Puezsteig (Weg 2/3, siehe Tour 11).

Etwa auf der Hälfte des Kammwegs (3B) von der Siëles-Scharte zur Nives-Scharte zweigt rechts **Weg 2** 04 zur Puezhütte ab. Zunächst über Geröll, dann über Wiesen zieht sich der Weg an den Hängen von Piz Duleda und Pizes de Pöz leicht abfallend ostwärts, bis von links **Weg 3A** 05 von der Nives-Scharte einmündet. In Richtung Puezhütte geht es am Hang entlang ohne großen Höhenunterschied weiter. Rund 20 Min. vor Erreichen der Hütte zweigt

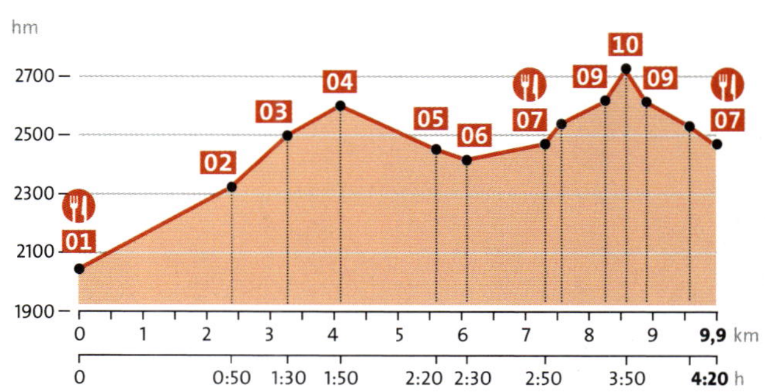

01 2040 m, Regensburger Hütte; 02 2326 m, Abzweig ins Roa-Tal; 03 2505 m, Siëles-Scharte; 04 2605 m, Abzweig Weg 2; 05 2465 m, Einmündung Weg 3A; 06 2411 m, Abzweig Weg 16; 07 2475 m, Puezhütte; 08 2547 m, Kamm; 09 2631 m, Sattel, Abzweig zu Puezkofel und Puez-Spitzen; 10 2725 m, Puezkofel; 11 2913 m, Puez-Spitzen

rechts **Weg 16** 06 ins Langental ab, ein Großteil des U-förmigen Tals ist von hier aus einsehbar. Weiter geht es über Wiesen zur Hütte – den Puezkofel schon vor Augen. Die **Puezhütte** 07 liegt am Schnittpunkt vieler Wanderwege. Wer früh an der Hütte ist, kann gleich mehrere kleine Gipfel besteigen, u. a. den Puezkofel, den Hausberg der Hütte. Die Montijela ist ein weiteres lohnendes Ziel.

Aufstieg zu Puezkofel und Puez-Spitzen: Zum Puezkofel und zu den Puez-Spitzen folgt man zunächst demselben Weg. Links neben der Hütte führt ein markierter Steig (Weg 14) in Kehren über die Wiesen einen Hang hinauf. Oben angekommen wendet man sich nach rechts und läuft auf einem **Kamm** 08 (ein Seitengrat des Puezkofels, dessen Gipfel nur ein Pfahl schmückt) auf den Puezkofel zu. Auf Schotterflächen umrundet man auf z. T. schmalem Pfad die steil abbrechende Südflanke des Berges und erreicht einen weiten **Sattel** 09, der Puezkofel und Puez-Spitzen trennt. Von hier sind es nur noch wenige Minuten bis zum Gipfel des **Puezkofels** 10 über der Puezhütte.

Puez-Spitzen: Vom **Sattel** 09 führt ein serpentinenreicher Schuttsteig in 30 Min. durch eine steile Rinne auf die **Puez-Spitzen** 11 (1 Std. hin und zurück). Von beiden Gipfeln genießt man eine spektakuläre Aussicht über die Puez-Hochfläche, das Langental sowie zu Col dala Pieres und Piz Duleda. Im Norden erhebt sich der Peitlerkofel.

Der **Rückweg** zur **Puezhütte** 07 erfolgt auf dem Hinweg.

Die Puez-Hochfläche mit Col dala Sone (Bildmitte) und Puezhütte

ÜBER DIE GHERDENACIA-/ PUEZ-HOCHFLÄCHE INS LANGENTAL

Spektakuläre Wanderung im Naturpark Puez-Geisler

15,4 km 5:20 h 575 hm 1218 hm 59 076

START | Parkplatz an der Talstation der Dantercëpies-Seilbahn, Wolkenstein [GPS: UTM Zone 32 x: 712.175 m y: 5.159.542 m]
CHARAKTER | Leichte, aber lange Wanderung.

Eine grandiose Hochgebirgswanderung, auf der die Vielfalt der Dolomiten auf kleinstem Raum erlebt wird: Cirspitzen, Val de Chedul, die Gherdenacia-/Puez-Hochfläche und das Langental könnten unterschiedlicher nicht sein!

Zum Crespeina-Joch: Die wegtechnisch einfache, aber doch aufgrund ihrer Länge anstrengende Wanderung beginnt an der 2013 neu gebauten **Bergstation der Seilbahn Dantercëpies** 01. Mit Blick hinunter aufs Grödner Joch und hinüber zum Sellastock und zum Langkofel folgt man dem Wirtschaftsweg rechts der Gebäude (Weg 12A zur Puezhütte) bis zur ersten Haarnadelkurve, dort leitet ein hangparallel verlaufender Weg zur **Jimmys Hütte** 02, die zu Füßen der senkrechten Wände der Cirspitzen liegt. Bei den Gebäuden stößt man auf den Alta Via delle Dolomiti 2, der zunächst kurz durch Legföhren, dann durch felsiges Gelände als gut ausgebauter und markierter

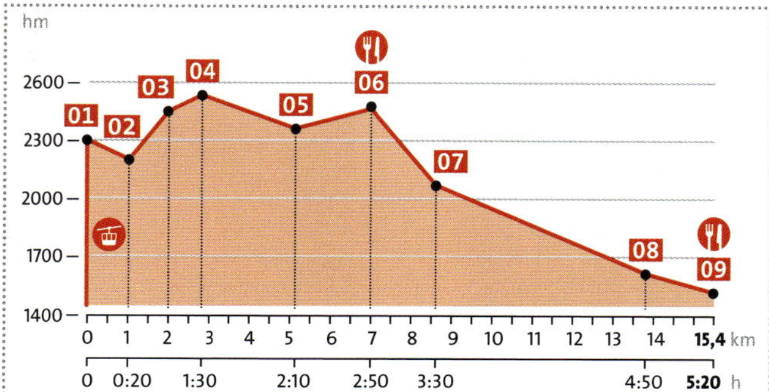

01 2298 m, Bergstation Seilbahn Dantercëpies; 02 2219 m, Jimmys Hütte; 03 2462 m, Cirjoch; 04 2528 m, Crespeina-Joch; 05 2366 m, Ciampeijoch; 06 2475 m, Puezhütte; 07 2075 m, Weggabelung, Weg zum Ciampeijoch; 08 1633 m, Kapelle St. Silvester; 09 1536 m, Talstation Dantercëpies

Das Ciampeijoch ist erreicht, dahinter der Col dala Sone

Steig bergauf führt. Oben befindet man sich dann mitten zwischen den hoch aufragenden Cirspitzen, die ihrem Namen alle Ehre machen. Kurz geht es bergab in eine mit Felsen übersäte Mulde, dann folgt der Gegenanstieg in einigen Spitzkehren zum **Cirjoch** 03, dem Übergang ins Val de Chedul. Rechts ist ein ehemaliger Kammweg durch einen Lattenzaun gesperrt.

Vom Joch blickt man Richtung Westen hinaus nach Wolkenstein und auf das imposante Felsband des Mont de Sëura (2548 m), der die Nordseite des Val de Chedul beherrscht. Von hier aus lässt sich auch der aus dem Langental hinaufführende Weg 12 (siehe Tour 19) über weite Strecken verfolgen, er mündet kurz unterhalb des Cirjochs in Weg 2 ein. Vom Cirjoch geht es nun über ein paar Felsstufen leicht bergab und dann hangparallel über Schutthalden Richtung Crespeina-Joch. Der Aufstieg zur Scharte ist kurz und steil. Wenn nicht zu viele Wanderer unterwegs sind, lassen sich hier häufig auch Gämsen beobachten. Ein schön geschnitztes Kreuz markiert das eigentliche **Joch** 04. Nach Osten beginnt die weite, weitgehend ebene Puez-Hochfläche, aus der nur wenige „Gipfel" wie der an einen Vulkan erinnernde Col dala Sone (2633 m) herausragen. Wer vom Joch Richtung Norden schaut, erkennt schon den markanten Talschluss des Langentals mit seinen Steilwänden. Auch der Piz Duleda ist auszumachen. Doch bis zur Puezhütte ist es noch ein ordentliches Stück Weg.

Wanderung über die Hochfläche: Am Joch beginnt die Crespeina-Hochfläche, zu der man zunächst einige Höhenmeter hinab zum 100 m tiefer liegenden Crespeina-See (2374 m) absteigt. Häufig weiden Schafe an dessen Ufer. Der Weg ist gut markiert und weithin sichtbar. In leichtem Auf und Ab geht es über die verkarstete, aber grüne Hochfläche Richtung Nordosten, immer den Wegweisern 2 folgend. Eine kurze Schrecksekunde hat man den Eindruck, als müsse man nochmals talwärts steigen, um von der Crespeina- auf die Puez-Hochfläche zu wechseln, doch der Eindruck täuscht: Nur wenige Meter geht es abwärts zum Ciampeijoch.

Am **Ciampeijoch** 05 bietet sich eine grandiose Fernsicht talwärts Richtung Corvara. Der markante Berg auf der östlichen Seite des Edelweißtals ist der vielbestiegene Sassongher (2665 m). Am Joch stoßen von Corvara kommend die Wege 4 und 7 auf den Dolomitenhöhenweg 2, außerdem besteht hier die Möglichkeit, durch eine steile Rinne ins Langental abzusteigen (14A). Zur Puezhütte geht es vom Joch durch eine kleine Felsrinne (Holzbohlen stabilisieren den Weg) hinauf zur verkarsteten Puez-Hochfläche. Der Weg ist nun mit 2 und 4 ausgeschildert. Ohne große Höhenunterschiede führt er zunächst nach Norden, dann nach Nordwesten zu der auf einem Sattel liegenden **Puezhütte** 06. Ein erster Hinweis, dass es nicht mehr weit sein kann, ist ein auf einem Hügel stehender Fahnenmast. Unterwegs lohnt sich der Blick zurück über die Crespeina-Hochfläche zum gleichnamigen Joch.

Abstieg über das Langental: Eindrucksvoll ist der einem Amphitheater gleichende Talschluss des Langentals und der Blick hinaus

Richtung Wolkenstein durch die markante trogförmige Talöffnung. Von hier oben lässt sich der gesamte Rückweg durch das Langental überblicken – ein Dreiklang aus grauem Fels, dunkelgrünen Wäldern und hellgrünen Almwiesen.

Bei der **Puezütte** 06 verlässt man den Höhenweg 2 und steigt auf dem gut ausgetretenen Weg 14 ins Langental ab. Der Weg verläuft in meist angenehmen Gefälle am Fuß der mächtigen Wände talwärts, der gesamte Talschluss wird dabei einmal gequert. Nach 30–40 Minuten kommt man zu einer **Weggabelung** 07, wo der Weg hinauf zum Ciampeijoch abgeht (50 Min.). Laut Wegweiser sind es von hier noch rund 1½ Stunden zum Wanderparkplatz. Der Weg fällt nun in mehreren Talstufen sanft ab, führt zunächst ein Bachbett querend durch Wald, später über Bergwiesen talauswärts. Nach einer Almhütte linker Hand passiert man die Einmündung des Wegs 16, der von hier zur Puezhütte führt (rund 2 Std.).

Am Wanderparkplatz unterhalb der **Silvesterkapelle** 08 zweigt links vom Parkplatz der Fußweg zur Ciampac-Hütte ab, über diesen erreicht man die Teerstraße, die zurück zum Parkplatz an der **Talstation der Bergbahn** 09 führt.

SASS DA CIAMPAC/ CIAMPATSCH • 2672 m

Ein zerfallender Gipfel über dem Grödner Joch

12,9 km · 5 h · 935 hm · 935 hm · 59 076

START | Grödner Joch, Parkplatz Rifugio Frara
[GPS: UTM Zone 32 x: 715.343 m y: 5.158.974 m]
CHARAKTER | Gut begehbare Wege, lediglich die Querung einer Sandrinne kurz vor dem Crespeina-Joch verlangt Trittsicherheit.

Ein toller Blick bietet sich vom Hauptgipfel der südlichen Puez-Gruppe hinüber zum Sellastock und ins Mittagstal. Auch die einzigartige Lage der Pisciadù-Hütte ist hier gut zu sehen. Und wie kaum anderswo erhält man auf dem Weg zum Gipfel einen Eindruck von den Kräften der Erosion, ist doch die Nordflanke des Berges in zahllose Einzelteile zerfallen.

Aufstieg zum Puez-Plateau: Vom **Parkplatz** 01 geht es zunächst zur Jimmys Hütte, dann zweigt nach rechts Weg 8 ab, der als **Kolfuschger Höhenweg** am Fuß des Sass da Ciampac durch Wiesen und Zirben nach Nordosten führt. Etwas oberhalb des Wegs liegt die **Hütte Ütia Forceles** 02, die jedoch nur im Winter geöffnet hat. Danach geht es bergab bis zu einer Skipiste, auf der links der **Weg 4B** 03 Richtung Ciampeijoch abzweigt. Der Wanderweg führt durch den Wald und dann eine Rinne querend weiter

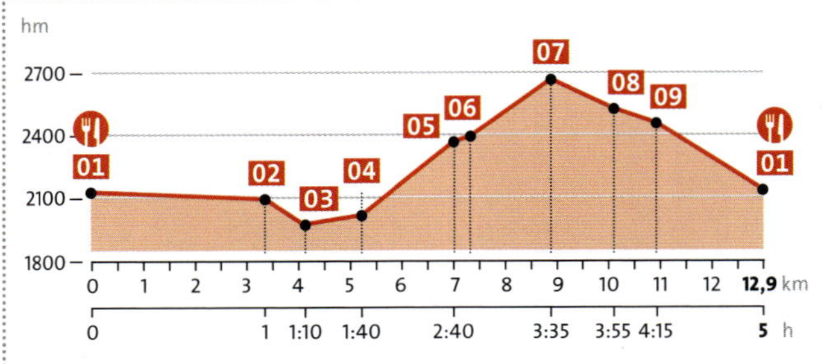

01 2121 m, Parkplatz; 02 2101 m, Ütia Forceles; 03 1971 m, Abzweig Weg 4B; 04 2034 m, Einmündung Talweg 4A; 05 2366 m, Ciampeijoch; 06 2391 m, Abzweig Weg 2A; 07 2672 m, Gipfel des Sass da Ciampac; 08 2528 m, Crespeina-Joch; 09 2462 m, Cirjoch

Muntejela
Puezhütte
Rif. Puez
2475
Col dala Sone
2633
Plan Ciajeies
Font. Zirmer
Dusac
Forc. de G
2548
Forc. de Ciampei
2366
05
Büja dles
Giarines
2419
Col Turont
06
Lêch de Ciampei
Ciamp Sciblota
2344
2426
stel de Chedul
Mont de Sëura
2548
Lêch de Crespëina
18
04
Sas Ciampëi
2554
08
Pares de Crespëina
2528
07
2672
Sas Ciampac
03
18
Ütia Edelw
1832
09
Danter les Pizes
2515
Forcela de Cir 2655
2462
Coltoronn
Gran Cir
2592
ice Cir
2520
2436
Rif.
Jimmi
Ütia Forceles
2101
02
Calfosch
Kolfuschg
Colfosco
2222
Font di Salvan
2110
La Poza
18
1640
Adventure Park
2093
Cudlea
Cir
01
18
Rönn
Kolfuschgei
1581
Frara
2121
Jëuf de Frea
Grödner Joch
P.so Gardena
2121
1794
243
Mesoles
1956
Eiszeit
Font. Costa Bozora
1738
Font. Bera Lada
Col de Mësores
2603
2615
Tor Campidel
Tor Bornech
2495
Cra de la Miri
2009
Frea
2634
Bindelturm
T. de Murfreit
2586
1963
Paradise
2371
2626
Rif. Pisciadù
F. Cavazza
2395
T. Colfosco
2272
Le Piz
2239
Col de Ce
2667
Lech di
Dragon
2585
Lech de
Pisciadù
2482
2410
Weg
gesperrt!
2677
Sas da Lech
2936
2526
2985
C. Pisciadu
Murfreit-
Piz Rotic
2973
Sas dai Ciamorces
2999
Tor di Ciamurc
2829
Dent de Misdé
2881
2916
Piz da Lêch
2411
2974
iz Beguz
Bech de Misdé
2967
2554
Alpine Lou
2888
2980
Sas de Misdé
2908
Sas dles
Diesc
2386
Lêch de Boa
2893
Weg gesperrt!
2828
2904
Sas dles Nu
2537
L'Antersas
2907
0
500 m
Piz de Roces
2961
Pizes dl Valun
2905
Rif. Franz Kostner
2550
2504

Am Gipfel: Blick hinüber zum Sellastock mit der Pisciadù-Hütte

höhenparallel, bis von rechts Weg 4 und später **Weg 4A** 04 einmünden. Nun geht es über Schotter in Kehren bergauf. Nachdem eine Geländestufe überwunden ist, verläuft der Weg am linken Berghang entlang oberhalb des meist wasserlosen Lech de Ciampei vorbei zum **Ciampeijoch** 05. Der Weg ist teilweise mit Treppen gesichert.

Aufstieg zum Sass da Ciampac: Kurz wandert man auf dem Höhenweg 2, dann zweigt links der markierte **Pfad (2A)** 06 ab. Er führt über die von verkarsteten Platten bedeckten Hochweiden allmählich steiler ansteigend Richtung Gipfel. Die komplette Nordseite des Gipfels ist in unzählige Blöcke zerfallen, die Geröllhalden ziehen sich weit talwärts. Eine eindrucksvolle Trümmerlandschaft! Von der Scharte zwischen Sas Ciampëi und Sass da Ciampac genießt man einen ersten Blick ins Gadertal. Rechts von einem Felsband zieht sich der Kammweg zum Gipfel, den ein Kreuz aus Stangen markiert. Der Blick vom **Gipfel** 07 auf die Nordseite des Sellastocks ist imposant, oft lassen sich auch Steinadler beim Kreisen beobachten. Richtung Norden blickt man über die karge Puez-Hochfläche zu den Östlichen Puez-Spitzen und zum Puezkofel (siehe Tour 16).

Abstieg über das Cirjoch: Ein gut begehbarer Pfad führt nun Richtung Westen, kurz vor dem Crespeina-Joch muss noch eine mit Felsen durchsetzte Sandrinne gequert werden. Schließlich erreicht man über eine Wiesenschulter das von einer geschnitzten Christusfigur gekrönte Kreuz des **Crespeina-Jochs** 08.

Über das **Cirjoch** 09 und zwischen den eindrucksvollen Cirspitzen hindurch geht es zurück zum **Parkplatz am Grödner Joch** 01.

DURCH DAS VAL DE CHEDUL ZUM CRESPEINA-JOCH • 2528 m

Unberührtes Hochgebirgstal unterhalb der Cirspitzen

4,8 km | 3 h | 915 hm | 11 hm | 59 076

START | Wanderparkplatz Langental
[GPS: UTM Zone 32 x: 712.567 m y: 5.160.449 m]
CHARAKTER | Gut markierte Bergsteige.

Das Val de Chedul steht etwas im Schatten des Langentals, von dem es nur durch die Berge Ciastel de Chedul und Mont de Sëura getrennt wird. Das Tal fällt in mehreren Stufen zum Langental ab.

Die Wanderung beginnt auf dem **Wanderparkplatz** 01 am Eingang des Langentals. Gleich neben der **Kapelle St. Silvester** 02 weist ein Schild den Weg rechts in den Lärchenwald hinauf. Der Weg führt zunächst über einen kleinen Bach (den man umgehen kann, wenn man noch vor der Kapelle über den Holzsteg läuft) und dann in Kehren relativ steil bergauf, bis am Rand der Baumgrenze ein ausgedehntes Latschenfeld erreicht wird. Hier muss eine **Schuttreiße** 03 gequert werden, die sich bis zur nördlichen Talseite zieht. Oberhalb der Reiße schlängelt sich der Weg durch einen flachen Talabschnitt zwischen Wiesen, Zirben und Lärchen links der Schutthänge der Cirspitzen hindurch. Wie

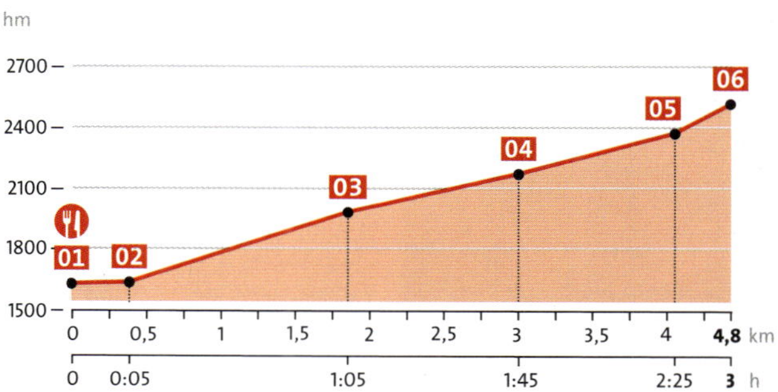

01 1620 m, Wanderparkplatz Langental; 02 1633 m, Kapelle St. Silvester; 03 1973 m, Schuttreiße; 04 2188 m, obere Kante zweite Geländestufe; 05 2366 m, Abzweig zum Cirjoch; 06 2528 m, Crespeina-Joch

Aufstieg zur zweiten Geländestufe links von den Schutthängen

eng das Tal ist, fällt beim anschließenden Anstieg über eine **zweite Geländestufe** 04 auf. Diese wird auf der rechten Talseite überwunden und verläuft am Rand der steilen Schutthänge der Großen Cirspitze (Gipfelkreuz). Beim Blick zurück genießt man einen eindrucksvollen Blick auf die Seiser Alm und den Schlern. Auch das schräg abfallende Plateau der Steviola ist von hier aus gut zu sehen.

In seinem oberen Teil weitet sich das Tal, der Weg führt nun zwischen von Steinen übersätem Gras

Blick auf die zweite Geländestufe

Richtung Osten – links von den senkrechten Wänden des Mont de Sëura, rechts von den Hängen der Cirspitzen begrenzt.

Nur mäßig steil ansteigend geht es durch eine wilde Berglandschaft zum Joch. Kurz vor dem Schlussanstieg zweigt links ein **Pfad zum Cirjoch** 05 ab. Weg 12 mündet schließlich in den Weg 12A vom Cirjoch ein, im Schlussanstieg sind nochmals rund 100 Höhenmeter bis zum Kreuz auf dem **Crespeina-Joch** 06 zu überwinden. Östlich des Jochs beginnt die karge Puez-Hochfläche.

Abstiegsvarianten:
1) über Ciampëi-Scharte und Langental (2:20 h, 948 hm)
2) Sass da Ciampac und Abstieg nach Kolfuschg (2 h, 936 hm). Von Kolfuschg fahren Busse zurück nach Wolkenstein.
3) über Cirjoch zum Grödner Joch (1 h, 440 hm)
4) Über Cirjoch nach Wolkenstein (12A, 12B, 2:30 h, 1060 hm im Abstieg).

Im oberen Teil des Val de Chedul, am Horizont das Crespeina-Joch

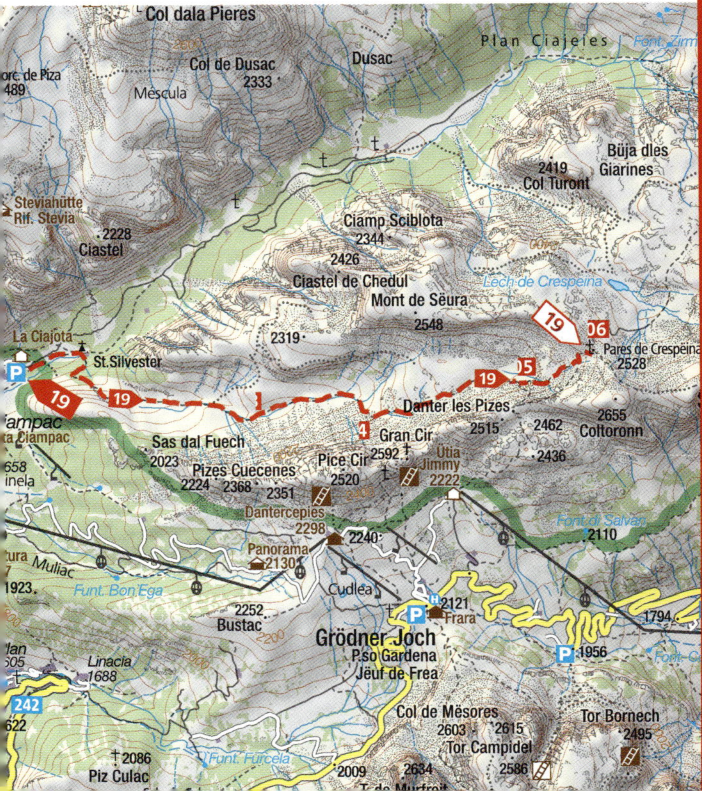

PISCIADÙ-HÜTTE • 2587 m

Aufstieg über das untere Mittagstal

5,6 km | 3 h | 720 hm | 260 hm | 59 076

START | Parkplatz am Rifugio Frara, Grödner Joch
[GPS: UTM Zone 32 x: 715.343 m y: 5.158.974 m]
CHARAKTER | Anspruchsvoller Hüttenzustieg.

Wer schon bei einer früheren Wanderung auf dem Sass da Ciampac gestanden hat, kennt die einzigartige Lage der Schutzhütte am Höhenweg Alta Dolomiti 2, die auf dem unteren, von Geröll bedeckten Ringband des Sellastocks errichtet wurde. Am Lech de Pisciadù gelegen, wird die Hütte von den eindrucksvollen Wänden der Cima de Pisciadù und des Sas da Lech überragt. Dank ihrer exponierten Lage genießt man einen weiten Blick über den Naturpark Puez-Geisler.

Blick hinunter ins Mittagstal zur Abzweigung des Wegs 676

Auf der Nordseite gibt es drei Aufstiegsvarianten: Die kürzeste Route führt über das Val Setus (siehe Tour 23), die anspruchsvollste für geübte Kletterer über die Ferrata Brigata Tridentina und die dritte, hier vorgestellte, über das untere Mittagstal.

Das Mittagstal ist das imposanteste Tal des **Sellastocks**: Auf den oberen 3 km zum Rif. Boè steigt es um 1000 m an. Das meist mit Schnee gefüllte Kar ist bis zu 45° steil.

▶ **Weg ins Mittagstal:** Rechts vom **Rifugio Frara** **01** führt Steig 666 zunächst kurzzeitig steil über einen markanten Wiesengrat. Oben angekommen biegt der Weg nach Osten ab und führt durch die Schuttkegel direkt unterhalb der Nordwände. Schon bald ist der schmale Einschnitt ins **Val Setus** **02** erreicht (Wegweiser). Richtung Mittagstal läuft man jedoch weiterhin am Hangfuß entlang und folgt der Markierung 29 (und dem Hinweis auf den Klettersteig), immer mit Blick auf Kolfuschg und die Ostwände des Mittagstals. Kurz vor Erreichen eines Wasserfalls befindet sich rechts der Zustieg zum Klettersteig – oben ist sogar der Ausstieg, die berühmte Hängebrücke, erkennbar. Latschen, Lärchen und Gras sorgen in der grauen Schotter- und Felslandschaft für leuchtende grüne Akzente.

Das untere Mittagstal: Wenige Minuten später biegt nach Überquerung des Mittagsbaches rechts der Weg ins **Mittagstal 03** ab (Weg 651, der von Kolfuschg aus dem Tal hochzieht). Gemütlich auf der linken (orografisch rechten) Bachseite ansteigend, wandert man auf gut erkennbarem Weg durch Schotter. Auf Höhe des Dent de Mezdì gabelt sich im flachen Mittelteil des Tals der Weg: „Nur für Geübte" steht auf dem Wegweiser zum Rifugio

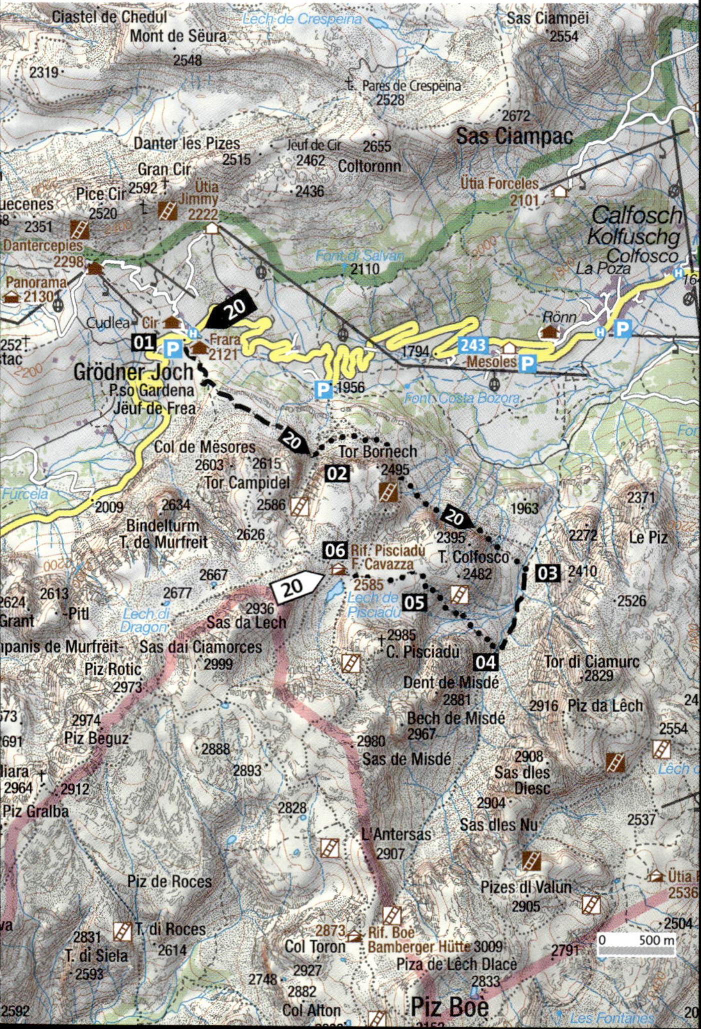

Boè, rechts biegt **Weg 676 zur Pisciadù-Hütte 04** ab.

Aufstieg durchs Val de Bosli: Dieser führt durch das kleine Val de Bosli nun deutlich steiler bergauf. Das Ringband, auf dem die Hütte steht, ist schon zu erahnen. Bevor dieses jedoch erreicht ist, muss noch eine Felspassage überwunden werden. Dank Seilsicherungen und Tritthilfen gestaltet sich das nicht allzu schwer, allerdings ist der Weg bei nassen Wegverhältnissen mit Vorsicht zu genießen. Oben auf der **Hochfläche 05** angekommen, läuft man die letzten 20 Wegminuten über eine mit schütterem Gras durchsetzte Karstlandschaft, die Masores del Pisciadù, zu der auf einer Kuppe errichteten **Pisciadù-Hütte 06**.

Zurück zum Ausgangspunkt kann man nun entweder auf dem Hinweg gehen oder – kürzer, aber ähnlich schwer – von der Hütte direkt durch das Val Setus zum Ausgangspunkt absteigen. Im oberen Teil führt ein vielbegangener und gut versicherter Klettersteig zum Fuß der Felswand und dann in vielen Kehren hinunter zum **Eingang ins Val Setus 02** (siehe dazu auch Tour 23, dort ist der Weg in der Gegenrichtung beschrieben).

Gesicherte Felspassage

Von dort auf dem Hinweg zurück zum **Rifugio Frara 01**.

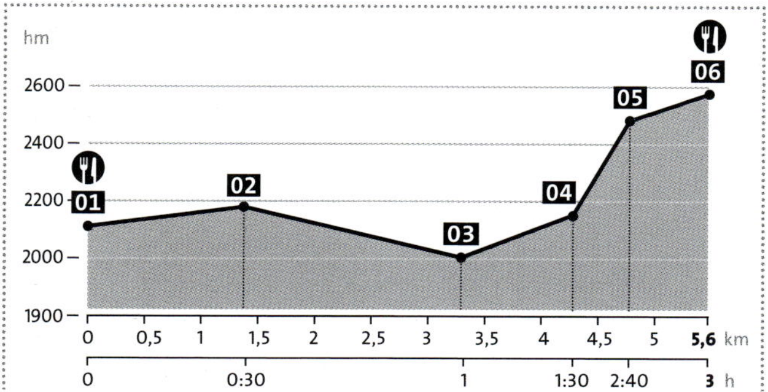

01 2121 m, Rifugio Frara; **02** 2171 m, Abzweig Val Setus; **03** 2005 m, Mittagstal, Weg 651; **04** 2150 m, Abzweig zur Hütte, Weg 676; **05** 2479 m, auf der Hochfläche; **06** 2587 m, Pisciadù-Hütte

LECH DL DRAGON • 2690 m

Eine Wanderung mit Überraschung

2 km | 1 h | 126 hm | 126 hm | 59 076

START | Pisciadù-Hütte
[GPS: UTM Zone 32 x: 716.360 m y: 5.157.521 m]
CHARAKTER | Wanderungen über einen Blockgletscher, Trittsicherheit erforderlich, Weg mit Stecken und Steinmännchen markiert.

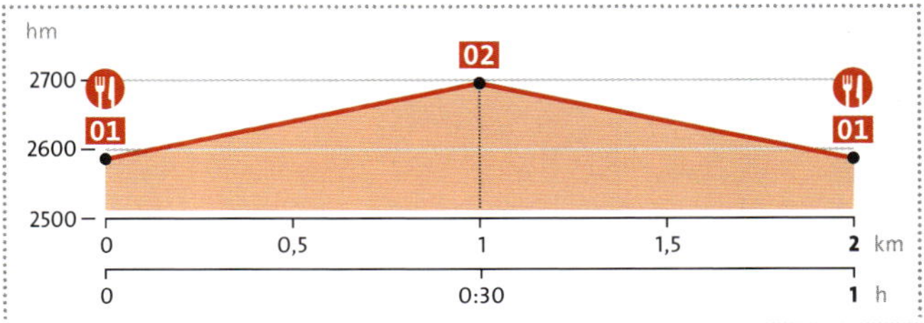

01 2587 m, Pisciadù-Hütte; 02 2690 m, Lêch dl Dragon

Ein geologisch sehr interessantes Ausflugsziel liegt westlich der Pisciadù-Hütte auf der Masores de Murfreit. Alles ist hier in Bewegung – was nicht nur an der Erosion der Wände des Sas da Lech und des Sas dai Ciamores liegt, sondern auch an der Tatsache, dass sich unter den mächtigen Geröllfeldern ein Geheimnis verbirgt: ein Gletscher. Geologen der Universität Bozen haben 2013 begonnen, ihn im Rahmen des alpenweit durchgeführten Permafrost-Forschungsprojektes Permaqua zu beobachten. (Das Thema des Forschungsprojektes sind der Permafrost und seine Auswirkungen auf den Wasserhaushalt und die Gewässerökologie; www.permaqua.eu). Bei einer ersten Probebohrung kamen die Wissenschaftler auf eine Eisdicke von rund

Lêch dl Dragon

Lêch dl Dragon (Lech di Dragon) lautet der ladinische Name des Drachensees. Wer von der geologischen Messstation zum See absteigt, bekommt eine Ahnung von der Mächtigkeit des Gletschers. Je nach Licht leuchtet der See milchig-türkisfarben. Er zählt zu den so genannten Thermokarstseen und bildet sich regelmäßig im Sommer auf der Oberfläche des Blockgletschers. Sein Erscheinen wird seit 1899 fotografisch dokumentiert. Die Grenzen des Sees verschieben sich von Jahr zu Jahr. 2006 hat sich ein zweiter See westlich des Lêch dl Dragon gebildet.

Steinmännchen weisen den Weg durch das Geröllfeld

40 m. Zukünftig sollen im Rahmen regelmäßiger Messungen die Temperatur im Inneren des Gletschers und seine Bewegung aufgezeichnet und überwacht werden.

▶ Gestartet wird an der **Pisciadù-Hütte** 01, vorbei an den Wegweisern der Ein-/ bzw. Ausstiegsstelle des Klettersteigs ins Val Sedul und

Die imposante Eiswand

an der Hütte der Materialseilbahn folgt man der Ausschilderung des Wegs 677. Unter dem schon bedrohlich gebrochenen Turm des Sas da Lech führt der markierte und teilweise mit Steinmännchen markierte Weg über Geröllhalden. Für lädierte Bänder ist der ansonsten harmlose Weg eine echte Herausforderung! Je nach Jahreszeit müssen unterwegs kleine Schneefelder gequert werden; etwas oberhalb des Sees läuft man sogar über schuttbedecktes Eis.

Oberhalb des **Sees** 02 enden die Markierungen des Wegs 677. Laut Auskunft des Hüttenwirts kann die mit Seilen versehene Aufstiegsroute zur Scharte Forcela di Ciamurc im Sommer unter bis zu 2 m Schnee begraben und nicht begehbar sein. Wer plant, auf diesem Weg auf das Mesulès-Plateau zu steigen, sollte sich vorab über die Wegbeschaffenheit informieren.

Rückweg: wie Hinweg.

Blick von der Westseite des Sees auf die Eiswand des Gletschers

CIMA PISCIADÙ • 2985 m

Aussichtsgipfel auf der Nordseite des Sellastocks

3,2 km | 2:30 h | 400 hm | 400 hm | 59 076

START | Pisciadù-Hütte
[GPS: UTM Zone 32 x: 716.360 m y: 5.157.521 m]
CHARAKTER | Bergweg mit gesicherten Felspassagen im Val de Tita. Der Weg zum Gipfel wird in leichter Kletterei erreicht. Vorsicht am frühen Morgen wegen vereister Felsen, eine Klettersteigausrüstung ist nicht erforderlich.

Der pyramidenförmige Gipfel mit seiner (südlichen) Aufstiegsseite

Von der Terrasse der Hütte aus meint man, der Gipfel östlich des Hüttensees sei nur Kletterern vorbehalten. Doch leichter als erwartet lässt sich dieser Gipfel im Rahmen eines Halbtagesausflugs besteigen. Wer früh genug am Tag die Überschreitung des Sellastocks in Angriff nimmt, kann den Gipfel zeitlich problemlos in die Tour einbauen.

▶ Den Wegweisern 666 Richtung Rifugio Boè folgend geht es links des **Sees** 01 unterhalb der Hütte über Schotterfelder in einer weiten Linkskurve eine mit Seilen und Stiften versicherte Steilstufe hinauf zum Beginn des Val de Tita. Ein großer Stein am **Fuß der Cima Pisciadù** 02 dient hier als Wegweiser. Dessen Südflanke erinnert ein wenig an eine getreppte Pyramide, in weiten Teilen läuft es sich auch entsprechend bequem.

Vom **Gipfel** 03 genießt man einen fantastischen Blick hinunter

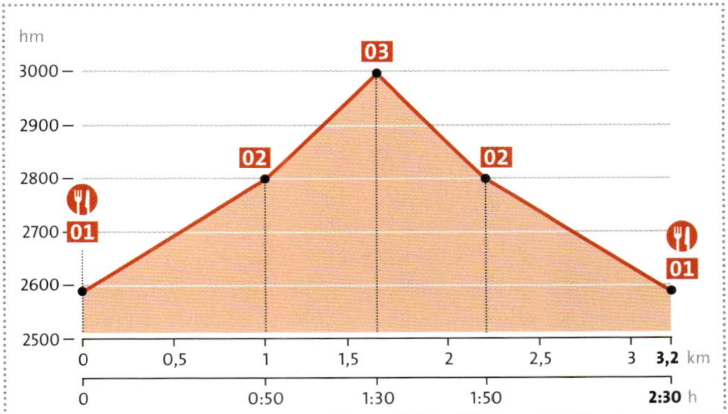

01 2587 m, See an der Pisciadù-Hütte; 02 2800 m, Abzweig zum Gipfel (Stein); 03 2985 m, Gipfel der Cima Pisciadù

auf Hütte und See, weiter nach Norden auf den Naturpark Puez-Geisler sowie die Bergketten östlich des Gadertals. Am Horizont leuchten die schneebedeckten Gipfel des Alpenhauptkamms. In entgegengesetzter Richtung sind der Piz Boè mit der Capanna Fassa sowie der Gletscher der Marmolada die Blickfänger. Aus der exponierten Position heraus ist die gewaltige Ausdehnung der Hochfläche ausgesprochen gut zu sehen. Der **Abstieg** zum **Fuß des Bergs (Stein)** 02 und zur **Hütte** 01 erfolgt über die Aufstiegsroute.

23

DURCHQUERUNG DES SELLASTOCKS

Von Nord nach Süd über den „Berg der Ladiner“

11,7 km | 7 h | 1390 hm | 1175 hm | 59 076

START | Grödner Joch, Parkplatz Rifugio Frara
[GPS: UTM Zone 32 x: 715.343 m y: 5.158.974 m]
CHARAKTER | Lange Tour mit einigen seilversicherten Passagen, Trittsicherheit erforderlich; unbedingt nach dem Wetter erkundigen.

An eine gewaltige Trutzburg erinnert der Sellastock, den zwei große ringförmige Felsbänder, eindrucksvolle Wände, steil aufragende Türme und ein pyramidenförmiger Gipfel mit Hütte und Telefon-Reflektor prägen. Wer auf dem Piz Boè jedoch die Einsamkeit sucht, muss ihn dann besteigen, wenn die Bahn auf den Sas de Pordoi noch nicht oder nicht mehr fährt – über die Sommermonate wird er von Ausflüglern geradezu überrannt.

Aufstieg zur Pisciadù-Hütte: Der Aufstieg erfolgt über die Nordseite, der Weg beginnt rechts vom **Rifugio Frara** **01**. Zunächst geht es die Graskuppe des Col de Frea (2234 m) hinauf, dann verläuft der Weg weitgehend eben über Geröll und Schutt unter den Wänden des Sas de la Luesa südostwärts, bis man völlig unerwartet vor dem schmalen **Eingang ins Val Setus** **02** steht. Zwischen senkrechten Wänden führt der Weg in unzähligen kurzen Spitzkehren aufwärts,

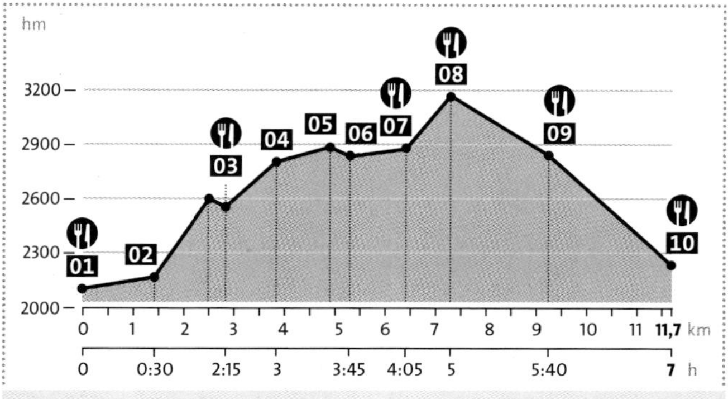

01 2121 m, Parkplatz Rif. Frara; **02** 2171 m, Eingang Val Setus; **03** 2587 m, Pisciadù-Hütte; **04** 2800 m, Abzweig zur Cima Pisciadù; **05** 2878 m, Einmündung Weg 647; **06** 2839 m, Zwischenkofelscharte; **07** 2873 m, Rifugio Boè; **08** 3152 m, Piz Boè; **09** 2848 m, Rif. Forcella Pordoi; **10** 2239 m, Passo Pordoi

Eingang zum Val Setus

bis sich das Tal oben aufweitet. Einen kleinen Wermutstropfen hat dieses zum Grödner Joch hin offene Tal: Bis weit hinauf ist der Lärm der Passstraße zu hören.

Oben angekommen, verzweigt sich der Weg: Der rechte (Weg 677) führt weiterhin über Schutthalden zum Lêch dl Dragon, der linke zur Pisciadù-Hütte. Die durchgehend mit Seilen versicherte Wand und der Plateaurand sind hier schon gut einsehbar. Zunächst noch über Geröll führt der Pfad zum Fuß der Felswand, die dann über einen sehr gut versicherten (und viel begangenen) Klettersteig überwunden wird. Beim Ausstieg, der etwas oberhalb der Pisciadù-Hütte liegt, steht man völlig überraschend auf einem scheinbar ebenen Felsband, das ringförmig weite Teile des Massivs umgibt. Über dem Band erheben sich ein zweites Plateau, der Altiplano delle Mëisules, sowie die markanten Türme von Sas da Lech und Cima Pisciadù. Die **Schutzhütte 03**, von der sich eindrucksvolle Blicke nach Norden und Osten bieten, liegt neben dem malerischen Lech de Pisciadù.

Zum Altiplano delle Mëisules: Am linken Rand des Valun di Pisciadù und damit auch links des Sees führt der Weg 666 am Fuß der Westwände der Cima Pisciadù über Geröll aufwärts. Ein gesicherter Steig leitet über mehrere Felsstufen hinauf ins flache Val de Tita. Auf einem großen **Felsblock 04** sind hier die zwei möglichen Ziele genannt: Wer früh unterwegs ist oder in der Hütte übernachtet hat, kann die Cima Pisciadiù (siehe Tour 22) besteigen, alle anderen folgen dem Pfeil und Markierung 666 Richtung Rifugio Boè.

Der rot-weiß-rot markierte Steig zieht sich nun über Geröll in einem weiten Rechtsbogen südwärts durch eine Steilrinne (in der häufig noch Schnee liegt) und über einen Schrofenrücken hinauf zum zweiten Sella-Plateau, dem Altiplano delle Mëisules (eine Stange markiert das Ziel). Hier genießt man nun erstmals eindrucksvolle Blicke Richtung Piz Boè und Sas de Pordoi, aber auch nach Norden über die Puez-Spitzen und die Cima Piscardiù zum

Panorama 2130
2298
Font di Salvan
2110
La Po
Rönn
23
Cudlea
Cir
01
Frara 2121
2252
Bustac
Grödner Joch
P.so Gardena
Jëuf de Frea
1794
243
Mesoles
1956
Font Costa Bozora
Col de Mësores
2603
2615
Tor Campidel
Tor Bornech
02
2495
Funt. Furcela
2009
2634
2586
1963
Bindelturm
T. de Murfreit
2626
03
Rif. Pisciadù
F. Cavazza
2395
T. Colfosco
2482
2272
2410
2667
2585
Lech de Pisciadù
2624
Grant
2613
Pitl
2677
Lech di Dragon
2936
Sas da Lech
2985
C. Pisciadu
Ciampanis de Murfrëit
Sas dai Ciamorces
2999
Piz Rotic
2973
Dent de Misdé
2881
Tor di Ciam
2829
Bugons
04
2916
Piz da
Bech de Misdé
2967
2673
2974
Piz Beguz
2691
2888
2980
Sas de Misdé
Piz Miara
2964
2912
2893
2908
Sas dles Diesc
05
2828
2904
Piz Gralba
Sas dles Nu
2972
L'Antersas
2907
2684
Piz de Roces
06
Pizes dl Valun
2905
07
2873
Rif. Boè
Bamberger Hütte
3009
Piz Selva
2941
T. di Roces
2831
2614
T. di Siela
2593
Col Toron
Piza de Lêch Dlacè
2791
2927
2833
2831
Ciavazes de Salei
2592
2748
2882
Col Alton
2833
Piz Boè
3152
08
3152
Rif. Cap. na Fassa
2053
2888
2809
2610
2859
23
P.ta de Joel
2945
Sas de Pordoi
09
2952
2848
Rif. Forc Pordoi
Rif. Maria
2950
Alb. Schiavaneis
1850
Rif. Monti Pallidi
Piccolo Pordoi
2670
2404
Ossario del Pordoi
2229
P.so Pordoi
2239
Maria
Pont de Vauz
1839
48
Alb. Pordoi
2116
Savoia
10
23
Fodom
Gonzaga
Sas Bece
2534
Lezuo
Ciampolin
2040
El Brodol
Pecol
Rif. Tita Piaz
1932
Col de Cuch
Rif. Sass Beccei
2423
Col de Tena
Sas da Ciapel
0
500 m

Alpenhauptkamm. Stangen, z. T. auch Steinmännchen, weisen den Weg Richtung Süden über das mit Geröll übersäte Plateau bis zum Rand eines flachen Bergrückens. Weiter Richtung Süden geht es kurzzeitig gut markiert bergab zu einer Weggabelung (Weg 649) und weiter zum Zwischenkofelsattel (Forcella d'Antersas).

Hier mündet von rechts **Wanderweg 647** **05** aus dem Val Lasties ein (s. Tour 26). Bei der **Zwischenkofelscharte** **06** sollte man einen kurzen Blick ins Mittagstal werfen. Besonders eindrucksvoll ist der Felsturm des Dent de Mezdi (links). Nun hat man die Wahl: Der drahtseilversicherte „Coburger Weg" (647) verläuft in leichtem Auf und Ab auf der Westseite um den **Zwischenkofel**. Wer sich den Klettersteig nicht zutraut, läuft über den Berg (mit erneut schönem Blick ins Mittagstal) und dessen Südrücken in eine Mulde, wo der Weg auf den Coburger Weg trifft. Nun sind es nur noch wenige Minuten rechts um eine kleine Kuppe herum zum **Rifugio Boè** **07** (früher Bamberger Hütte), über dem sich der Piz Boè erhebt.

Vom Rifugio Boè zum Gipfel: Der Anstieg von der Hütte zum Gipfel ist steil und teilweise drahtseilversichert, wegen des großen Andrangs an einer Stelle um einen Felsbuckel herum sogar als „Einbahnweg" angelegt. Kurz unterhalb des Gipfels mündet an der Forces dai Ciamorces von links Weg 672 von der Kostner-Hütte ein.

Seite 96 oben: Blick Richtung Nordwesten; Mitte: Blick Richtung Süden zum Piz Boè; unten: Blick vom Gipfel des Piz Boè hinunter zum Rifugio Boè

Auf dem Gipfel des **Piz Boè** **08** stehen die kleine **Capanna Fassa** und ein mehrere Meter hoher Telefon-Reflektor. Wer sich an dem nur durch den Reflektor unterbrochenen 360-Grad-Blick (im Norden der Alpenhauptkamm, im Osten die Tauern, im Süden die Marmolada, im Westen u. a. die Langkofelgruppe) sattgesehen hat, steigt nun teilweise ebenfalls drahtseilversichert bergab zum Dolomitenhöhenweg und wandert weiter südwestwärts zum **Rifugio Forcella Pordoi** **09**.

Abstieg zum Passo Pordoi: Vom Rifugio Forcella Pordoi sind es etwa 20 Min. hinauf zum Sas de Pordoi mit der Bergstation der Seilbahn. Wer sich nicht in die an schönen Tagen lange Schlange der Seilbahnfahrer einreihen will, steigt stattdessen durch ein steiles, sandiges Kar, später über Geröll und dann über Bergwiesen zum **Passo Pordoi** **10** ab.

Das Rifugio Forcella Pordoi

VOM PIZ BOÈ ZUR FRANZ-KOSTNER-HÜTTE

Abstieg über die Ostseite des Sellastocks

3,2 km | 1:30 h | 27 hm | 627 hm | 59 076

START | Capanna Fassa
[GPS: UTM Zone 32 x: 716.981 m y: 5.154.485 m]
CHARAKTER | Trittsicherheit und Schwindelfreiheit sind für den Abstieg durch die Pigulerzschlucht notwendig. Auf tiefer laufende Wanderer achten und keine Steine lostreten.

Vom Piz Boé führen zwei Wanderwege auf der Südostseite des Sellastocks zur Kostner-Hütte. Der an einigen Stellen gesicherte Lichtenfelser Steig zählt zu den schönsten Aufstiegsrouten auf den Piz Boè, ist aber je nach Wetter- und Schneeverhältnissen nicht oder nur unter erschwerten Bedingungen zu begehen. Einfacher ist da der Weg 638, der unmittelbar bei der Capanna Fassa talwärts führt.

Abstieg zur Franz-Kostner-Hütte: Der Weg beginnt neben der Terrasse

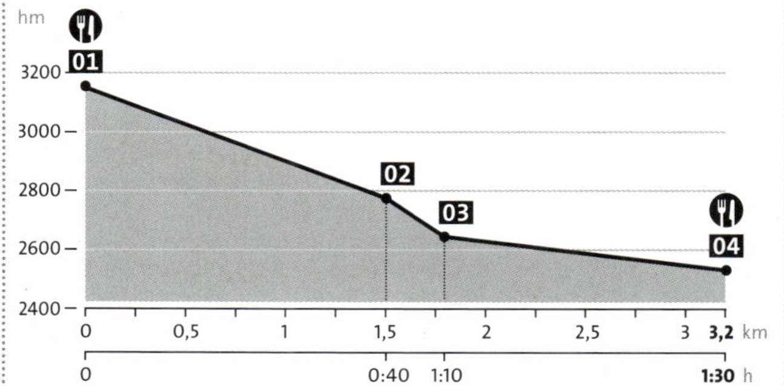

01 3152 m, Capanna Fassa; 02 2770 m, Pigulerzschlucht;
03 2650 m, Sella-Ringbandweg; 04 2536 m, Franz-Kostner-Hütte

Abstieg vom Gipfelaufbau des Piz Boè

Blick in die Pigulerzschlucht

Felsüberhang am Ringbandweg

der **Capanna Fassa** **01**. Zunächst steigt man in Kehren den Gipfelaufbau des Piz Boè hinunter, bis man auf einer breiten, mit Geröll übersäten Schulter steht. Nun führt der Weg nach links und verläuft moderat fallend über eine breite Geröllterrasse am Fuß des Ostabfalls des Piz Boè entlang nach Nordosten. Etwas oberhalb liegt der meist ganzjährig vereiste Eissee (2833 m). Nach etwa 40 Min. steht man vor der steilen und mit Geröll gefüllten **Pigulerzschlucht (Rissa da Pigulerz)** **02**, für die Trittsicherheit notwendig ist. Bis ins Frühjahr hinein kann sich hier noch Altschnee halten. Am Fuß des steilen Einschnitts mündet der Weg in den **Sella-Ringbandweg** **03**. Der Weg macht einen kleinen Schwenk nach Norden und man läuft unter eindrucksvollen Felsüberhängen und einem kleinen See rechter Hand in wenigen Minuten zu der auf einer Felskuppe errichteten **Franz-Kostner-Hütte** **04**. Die Alpenvereinshütte liegt auf der Schulter des Col de Stagn und bietet durch ihre freie Lage fantastische Ausblicke in fast alle Himmelsrichtungen. Im Sommer ist sie durch einen nahe gelegenen Doppelsessellift gut besucht.

Franz Kostner

Franz Kostner zählt zu den Pionieren des Tourismus im Alta Badia, er arbeitete als Bergführer, Hotelier, Fuhrunternehmer und war lange Jahre Bürgermeister von Corvara. Als Obmann des Tourismusvereins trieb er 1913 maßgeblich den Bau einer Hütte oberhalb des Gadertals voran. Doch der Ausbruch des Ersten Weltkriegs vereitelte das Bauvorhaben – die Schutzhütte konnte nicht fertiggestellt werden und verfiel. Erst 1988 wurde die Hütte durch die Sektion Bozen fertiggebaut und eingeweiht.
www.rifugiokostner.it

25 SELLA-RINGBANDWEG

Aussichtspromenade auf der Süd- und Ostflanke des Sellastocks

6,5 km | 2:30 h | 150 hm | 450 hm | 59 076

START | Franz-Kostner-Hütte
[GPS: UTM Zone 32 x: 718.490 m y: 5.155.611 m]
CHARAKTER | Unschwierige Wanderung auf gut markiertem Steig unmittelbar entlang der Wände des Sellastocks.

Bei einer Wanderung auf dem Sella-Ringbandweg, der die meiste Zeit unmittelbar am Fuß der Felswände entlangführt, erlebt man das Sellamassiv aus einer ganz anderen Perspektive als bei der Überschreitung des Gebirgsstocks. Eindrucksvoll, fast schon erschreckend wird einem klar, wie stark die Erosionskräfte dem Gebirgsstock zusetzen. Grandios ist unterwegs nicht nur der unmittelbare Blick in die senkrechten Wände, sondern auch der Fernblick nach Osten und nach Süden auf den alles beherrschenden Gletscher der Marmolada.

▶ Von der **Kostner-Hütte** 01 geht es zunächst durch ein Geröllfeld hinauf zu den Wänden von Neuner und Zehner, wo ein **Wegweiser** nach links Richtung Passo Pordoi und Piz Boè weist. Der Ringbandweg führt um einen Felsvorsprung herum, passiert einen kleinen See und verläuft dann unter dem Felsüberhang des Ponte (2791 m) hindurch, unter dem

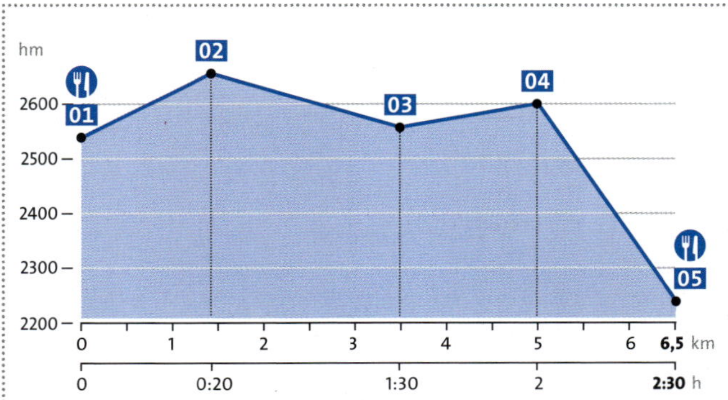

01 2536 m, Franz-Kostner-Hütte; 02 2650 m, Weggabelung Weg 638;
03 2560 m, Weg zum Soldatenfriedhof Ossario del Pordoi;
04 2593 m, Einmündung Weg 627; 05 2239 m, Passo Pordoi

Piz Boè
3152
Fassahütte
Rif. Cap. na Fassa
Val de Mesdi
Sas da Lech
Sas dai Ciamorces
2999
Rif. Pisciadù
F. Cavazza
2587
T. Colfosco
2395
2482
Lech de Pisciadù
C. Pisciadu
2985
Dent de Mezdi
2881
Bech de Mezdi
2967
2980
Sas de Mezdi
Tor di Ciamurc
2829
Boeseekofel
Piz da Lec
2916
2908
Zehner
Sas dles
2904
Diesc
Neuner
Sas dles Nu
Zwischenkofel
L'Antersas
2907
Pizes dl Valun
2905
Útia Franz Kostner
2536
2517
2537
Lech de Boè
Útia
Lift Boè
2198
2386
2554
2411
Le Piz
2371
2272
2410
2526
1963
2239
Col de Cedla
2041
Bamberger Hütte
Rif. Boè
2873
Col Toron
3009
Piz Lech Dlace
2833
2791
Le Ponte
2555
2504
Les Fontanes
2568
La Colona
2555
2610
2809
Col Alton
2927
2882
2748
2833
2888
2859
2828
2888
2893
T. di Roces
2614
P.ta de Joel
2945
Rif. Forc Pordoi
2848
Maria
2950
2952
Pordoi
2404
2229
Ossario del Pordoi
P.so Pordoi
2239
Maria
Savoia
Fodom
Lezuo
Sas Bece
2534
Col de Cuch
Rif. Sass Beccei
2423
Rif. Baita
Fredarola
2388
Baita
Belvedere
2338
Col del Cuc
2563
Rif. Viel dal Pan
2432
Sas da Ciapel
2557
2415
Col de Paussa
La Forfesc
2585
Belvedere
2379
Cherpei
2248
2157
Col de Cuch
2060
1820
2035
1840
Colmer
1941
1781
Rif. Viletta Maria
2054
Pont de Vauz
1839
Plan de la Carpaci
Ru de Fontana
48
1992
Palua
Rif. Monte Burz
1936
Rif. Plan Boè
1800
Plan Boè
2025
Kaiserhütt
Rif. Bec de Roce
2160
2187
Bec de
2667
2677
2936
2634
2586
2626
25
01
02
03
04
05
0
500 m

Zwischen Wand und Geröll – der Ringbandweg

noch Reste eines verfallenen Unterstands stehen. Gleich dahinter folgt eine **Weggabelung** 02: Hier beginnt der Steig 638, der durch die Pigulerzschlucht hinauf zum Piz Boè führt (siehe Tour 24). Der Ringbandweg führt nun in einer weiten Linkskurve um die senkrechten Wände der Punta delle Fontane (2809 m) herum, teilweise liegen haushohe aus der Wand gebrochene Felsbrocken neben dem Weg. Immer wieder wandert man zwischen Altschneeresten und der Wand entlang. Eine kleine Kletterpassage bergab kann unterhalb der Felsblöcke umgangen werden. Über große Steinblöcke und kurz etwas steiler folgt man nun dem Weg mit Blick auf die Marmolada (3342 m). Mal geht es über Karstflächen, dann wieder über Geröllfelder – jedoch immer ohne große Höhenunterschiede. Rechts zweigt schließlich der Klettersteig Cesare Piazetta ab, wenig später folgt ein großes Geröllfeld. Im Tal ist nun der Ossario del Pordoi zu sehen, auf dem deutsche Soldaten begraben liegen. Ein **Weg zum Soldatenfriedhof** 03 durch das kleine Joël-Tal zweigt hier vom Sella-Ringbandweg ab.

Schließlich wird das **Geröllkar** unterhalb der Forcella Pordoi erreicht, ab hier führt **Weg 627** 04 talwärts, zunächst noch zwischen Felsen hindurch und schließlich über einen Graskamm zum **Passo Pordoi** 05, wo es eine Bushaltestelle gibt.

Ausgeaperter Weg

VAL LASTIES

Durch ein stilles Hochtal auf das Sella-Plateau

13,2 km | 6 h | 1000 hm | 1000 hm | 59 076

START | Wanderparkplatz an der Passstraße 242 nördlich des Albergo Schiavaneis [GPS: UTM Zone 32 x: 714.153 m y: 5.153.442 m]
CHARAKTER | Gut markierte Wege, bei Nebel wird die Orientierung auf dem Sella-Plateau schwierig. Durch die Höhe muss man jederzeit mit plötzlichen Wetterumschwüngen und starkem Temperaturrückgang rechnen.

Der untere Teil des Weges unterhalb des Sas de Pordoi bis zur Pian de Roces lässt sich hier gut nachvollziehen

Wer die Einsamkeit sucht, tut sich im Sommer auf dem Sellastock schwer, ist dieser doch einerseits ein attraktives Klettergebiet, zum anderen über die Seilbahn auf den Sas de Pordoi leicht zugänglich. Die Wanderung zum Rifugio Boè über das Val Lasties garantiert zumindestens im Auf- und Abstieg etwas Bergeinsamkeit.

▶ Gestartet wird am **Parkplatz an der Passstraße** 01, von dort führt Weg 647 zunächst flach, dann immer stärker ansteigend durch Hochwald, dann steiler in mehreren Kehren über ein langes Geröllfeld zur ersten Terrasse, der **Pian de Siela** 02. Diesen Abschnitt des Weges sollte man zügig hinter sich bringen, da man sich unmittelbar unter den senkrechten Wänden des Sas de Pordoi befindet.

Auf der flachen Pian de Siela mündet von unten Steig 656 in

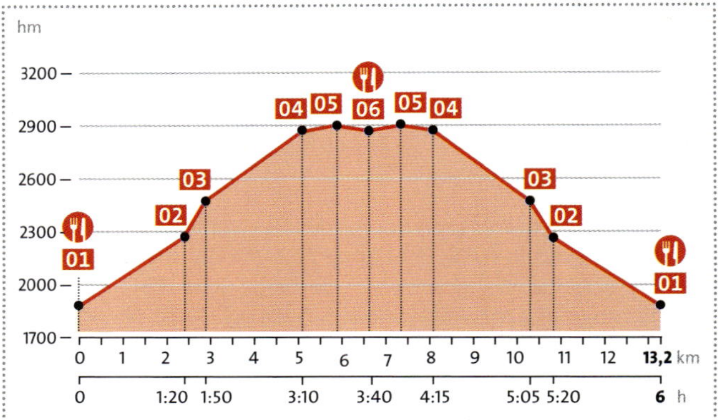

01 1873 m, Wanderparkplatz; 02 2283 m, Pian de Siela; 03 2472 m, Pian de Roces; 04 2839 m, Zwischenkofelscharte, Weg 666; 05 2907 m, Zwischenkofel; 06 2873 m, Rifugio Boè

den Weg ein, der ebenfalls an der Straße (Kehre 7, nur wenige Parkplätze) beginnt und unterhalb der senkrechten Wände des Piz Chiavazes (2831 m) entlangführt. Von der Wegkreuzung geht es durch schüttere Wiesen hindurch auf eine zweite Geländestufe, die **Pian de Roces** 03. Im Talschluss

Am Zwischenkofelsattel

zweigen links und rechts zwei Hochtäler ab: Rechts führt das Valon del Fos zum Rifugio Forcella Pordoi, die hier beschriebene Tour folgt jedoch links einem felsigen, gut markierten Steig über eine weitere Geländestufe in ein kleines Hochtal, von dem aus rechts der Schlussanstieg aufs Sella-Plateau in mehreren Felsstufen und Absätzen erfolgt.

Oben angekommen folgt man den Markierungen und Stangen zur **Zwischenkofelscharte** 04, von der man entweder über den **Zwischenkofel (L'Antersas)** 05 oder über den Coburger Weg (Klettersteig) zum **Rifugio Boè** 06 wandert (siehe Tour 23). **Zurück** geht es auf dem Hinweg.

Variante: Wer noch auf den Gipfel will, kann von dort anschließend über das Rifugio Forcella Pordoi und das steinige, vegetationslose Valon de Fos wieder zur Plan de Roces absteigen. Dort mündet der Weg in den Aufstiegsweg 647 ein.

Col de Mesores
2603
2615
Torre Brunico
2495
Camp. Campidel
2586
2086
Piz Culac
Funt. Furcela
2009
2634
Bindelturm
T. de Murfreit
2626
2395
Sela de Culac
2018
243
Gèrard
Rif. Pisciadù
F. Cavazza
2587
T. Colfosco
2482
2667
1982
2624
-Grant
2613
-Pitl
2677
Lech di Dragon
2936
Sas da Lech
Lech de Pisciadù
2985
C. Pisciadù
1902
Campanili de Murfreit
Sas dai Ciamorces
2999
Casc
Piz Rotic
2973
Dent de Mezdì
2881
Piz do Bugons
2069
2673
2974
Piz Beguz
Bech de Mezdì
2967
2980
Sas de Mezdì
2691
2888
Pela de Mesdì
Piz Miara
2964
2912
2893
1977
Piz Gralba
2972
2828
04
Zwischenkofel
L'Antersas
26
05
2684
Piz de Roces
2290
Piz Selva
2941
2831
T. di Siela
2593
T. di Roces
2614
06
Bamberger Hütte
Rif. Boè
Col Toron
3009
Piz Lech Dlace
2833
2691
03
2927
2748
2882
2696
2831
Piz Ciavazes
Sas de Salei
2592
02
26
Col Alton
2833
Piz Boè
3152
2598
Fassahütte
Rif. Cap. na Fassa
3152
2053
2888
242
Casc
2859
P.ta de Joel
2945
Sas de Pordoi
2952
26
01
Alb. Schiavaneis
1850
Rif. Maria
2950
2848
Rif. Forc Pordoi
Piarac
Panorama
Rif. Monti Pallidi
Piccolo Pordoi
2670
Baita Pradel
2404
2229
Ossario
P.so Pordoi
2239
Maria
48
Alb. Pordoi
2116
Savoia
Fodom
Cristiania
Lezuo
Rif. Ciampolin
2040
Sas Bece
2534
El Brodol
Pecol
Alb. Bellavista
Rif. Tita Piaz
1932
Col de Cuch
48
Rif. Sass Beccei
2423
Col de Tena
2084
Baita Belvedere
2338
Rif. Baita Fredarola
2388
2383
Col del Cuc
2563
Col di Rosc
Vederil
2043
2157
Cherpei
Col de Cuch
2248
Cèses da Pènt
2060
0
500 m

UMRUNDUNG DER LANGKOFELGRUPPE

Klassiker zu Füßen von Langkofel und Plattkofel

16,3 km | 5:40 h | 720 hm | 720 hm | 59 076

START | Parkplatz am Sellajoch-Haus
[GPS: UTM Zone 32 x: 711.526 m y: 5.154.308 m]
CHARAKTER | Aufgrund der Länge anspruchsvolle Wanderung auf gut begehbaren Steigen, viele Einkehrmöglichkeiten unterwegs.

Das malerisch gelegene Rifugio Sandro Pertini

Die Wanderung bietet viel: Herrliche Ausblicke auf alle wichtigen Bergstöcke der westlichen Dolomiten und den Blick über die Seiser Alm, eindrucksvolle Wegabschnitte direkt unterhalb der Felswände, schöne Einkehrhütten, eine gute Erreichbarkeit und keine ausgesetzten Wegpassagen.

▶ Vom **Parkplatz am Sellajoch** 01 geht es hinauf zur Rodella-Scharte, wo der aussichtsreiche Ostteil des Friedrich-August-Höhenwegs beginnt (Weg 4, 557; siehe Tour 30). Hinter der Friedrich-August-Hütte führt der Weg über eine steile, rutschige und daher seilversicherte Stufe bergab in eine Tiefenlinie, um dann anschließend in leichtem Auf und Ab über einen Wiesenweg an den Hängen von Grohmannspitze und Zahnkofel entlang zum malerisch gelegenen **Rifugio Sandro Pertini** 02 zu führen. Die Hütte liegt etwa auf der halben Strecke zur Plattkofelhütte. Weiter geht es höhenpa-

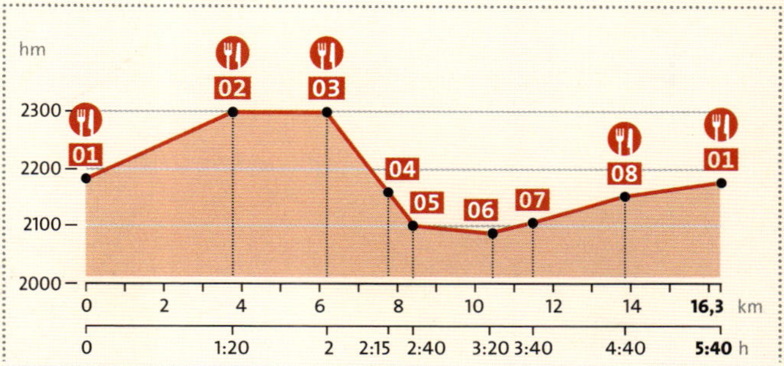

01 2180 m, Parkplatz am Sellajoch; 02 2300 m, Rif. Sandro Pertini; 03 2300 m, Plattkofelhütte; 04 2166 m, Einmündung Weg 9A; 05 2101 m, Piz da Uridl; 06 2081 m, Abzweig Santer Weg/Weg 526; 07 2113 m, Ciaulonch-Sattel; 08 2153 m, Rifugio E. Comici

rallel am Wiesenhang entlang, bis links ein Holzschild auf die nahe Malga Sasso Piatto hinweist. Auch die **Plattkofelhütte** 03 am Fassa Joch ist nun schon zu sehen und bald erreicht.

Zur Langkofelscharte: Nach einer verdienten Pause folgt man den Wegweisern zur Langkofelhütte (Weg 527), kurzzeitig geht es steil bergab, dann mit schönem Blick auf den Schlern und über die Seiser Alm auf der Ostseite des Massivs weitgehend höhenparallel Richtung Norden. Links und rechts sind die Wiesen mit Geröll übersät. Von links mündet **Weg 9A** 04 von der Murmeltierhütte und dem Berghaus Zallinger kommend in den Rundweg ein. Dann ist auch schon bald die Schulter des **Piz da Uridl** 05 (Hohes Eck) erreicht. Nun geht es in einer spitzen Kehre steil bergab in eine grasbewachsene Senke. Ein nicht begehbarer Felsvorsprung macht diesen „Umweg“ nötig.

Immer mehr verliert der Weg an Höhe und leitet zwischen ein

Blick in den unteren Teil der Langkofelscharte

paar Bäumen hindurch in einem ostwärts führenden Bogen Richtung Langkofelscharte. Bevor die Abzweigung Richtung Confinböden bzw. Langkofelhütte erreicht ist, muss noch ein Schuttkegel überwunden werden, in den das von den Wänden des Plattkofels fließende Niederschlagswasser eine tiefe Kerbe eingeschnitten

Pedroc
Puciacia
1331
Biel
2006
1841
M. Pedroc
1837
Seniam
1638
Ciajea de Crëpa
Hartl Schwaige
St. Christina i. Gröden
S. Cristina Val Gardena
S. Crestina Gherdeina
Culac
Prënsa
1555
Fisc
Cast.
Jender
1520
Cendevaves
Monte Pana
1636
1645
Col Marisana
1907
Col dal Leuf
Wolfsbühel
Puent de Piera
Malga dei Masi
Hofer Schwaige
1839
Troier
1755
Mont de Sëu
Zemmer
Senne
Piz Ciaulonch
Col de Mesdi
2114
07
Radauer
Schwaige
Saltner Schwaige
1728
Stieralm
1780
Ciaulonch-Sattel
For. Ciaulonch
2836
06
Il Gran C
Langkofel
Rif. Vicen
Ciandsuel
1989
Piz da Uridl
2101
05
2256
2688
Karlot
1997
Plattkofelturm
Torri del Sassopiatto
2860
2954
2853
2958
Langkofelkars
Piza de Dante
2821
04
27
Williamshütte
2100
Zallinger
2054
Murmeltier-
hütte
2132
Alpe del
Comun
Sassegg
Innerkofl
Sas da
Plattkofel
Sasso Piatto
Sasplat
Zahnkofel
Il Dente
3000
2859
Stampfalm
1997
Tomaseth
1998
Christ Schwaige
2096
03
Rif. Sasso Piatto
Plattkofelhütte
2300
M.ga del Sasso Piatto
Jëuf de Fascia
Fassa Joch
2300
02
Rif. Sa
2300
Palatsch
Palacia
Sala Palacia
2203
2351
2274
Maso Stefin
Sorìča Alpe
Malga
Miravalle
B.ta L. Brach
1856
Ciamp de
Grevena
Sorg pra
del Monech
Rif. M.ga
Micheluzzi
1860
Ruf de Duron
1940
1948
Pass de Campai
2218

Daunëi
Gardena
Train
La Poza
Rustlea
Plazola
1563
1608
Ciampac
Baita Ciampac
1658
Frainela
Sas dal Fuech
2023
Pizes Cuecenes
2224
2368
Picíulëi
L' Muline
Dlaces
La Selva
1609
Wolkenstein
i. Gröden
Selva di Val Gardena
Sëlva
1645
Sai Uedli
1773
Pastura
1747
Muliac
Costa
1923
Funt. Bon Ega
Danter
Panora
2252
Bustac
Frëina
Prà Valentini
Plan
1605
Fungëia
1589
Linacia
1688
1771
in Planung
Col
Stravertei
Saslonch
2105
242
1622
2086
Piz Culac
Funt. Furcela
2044
Ciampinoi
2254
2191
1884
Tiejasattel
Sella Tieja
2054
2127
Sela de Culac
2018
243
Gérard
1982
2624
Grant
Ciampanis
2069
Rif. Vallongia
2030
Ciadinat
2003
1789
Piz Sella
2239
Plan de Gralba 1806
1902
Casc
Rif. E. Comici
2153
08
Langkofel
Sassolungo
Saslonch
3181
Biv. R. Giuliani
3100
2008
Piz Seteür
Rif. Piz Seteür
Piz do Bugons
2069
2673
2691
Ciavaz
2064
2014
1976
2021
Pela de Mesdì
1977
Piz Miara
2964
Piz Gra
2972
27
2183
Langkofeleck
Spalone de Sassolungo
3081
Langkofelscharte
Forc. Sassolungo
2681
2684
2053
2179
2290
Piz Selva
2941
2685
2260
2212
Passo Sella
Dolomiti Mountain
Resort
2180
Sellatürme
Torri del Sella
2405
2533
2598
2696
2691
2831
Piz Ciavazes
Sas de Salei
2592
2244
La Locomotive
2265
01
2564
Sellajoch
Alb. Maria Flora
P.so di Sella
Jëuf de Sela
2053
242
Rif. Valentini
2213
Rif. Salëi
2222
La Colombela
2055
Fienile
Monte
2298
Rif. Friedrich
August
2318
Forc. Rodella
Chalet
Margherita
Baita il Panorama
1790
Piarac
Alb. Sc
1850
Rif. Mo
Rif. Col Rodella
2484
Rif. des Alpes
2397
Col Rodella
2484
Col de Salei
2145
Baita Pradel
Rist. Lupo
Bianco 1715
2104
Baita Bellavista
0
500 m
48
Rif. Ciampolin
2040

Altschneefelder am Langkofel

hat. Vom Schuttkegel aus hat man einen schönen Blick auf die weitläufigen Wiesen der Confinböden. Zu Füßen der hoch aufragenden Wände geht es über Geröll auf gutem Weg weiter zum tiefsten Punkt der Langkofelscharte, wo man auf den Fahrweg zur Langkofelhütte trifft. Für wenige Schritte folgt man dem Fahrweg, bis in der Spitzkehre der Wegweiser Richtung Sellajoch weist. Ab hier wandert man auf **Weg 526** 06.

Zur Comici-Hütte: Dieser Weg verläuft zunächst eben am Fuß der Ostwände des Langkofelmassivs über begrünte Schutthänge und dann in einigen kleinen Kehren durch schrofiges Gelände auf den **Ciaulonch-Sattel** 07 hinauf. Dieser verbindet den Piz Ciaulonch (2124 m) und den Langkofel. Vom Sattel sind es über einen Wiesenrücken nur 20 Minuten zur Bergstation des Mont de Sëura, von dem eine Seilbahn zum Parkplatz Monte Pana hinabschwebt. Auf dem Weg zum Sattel sieht man die zerstörerische Kraft des Wassers, das hier die schützende Grasnarbe weggespült und den darunter liegenden Felsen freigelegt hat. Vom Sattel lässt sich übrigens gut der bisherige Weg bis zum Piz da Uridl zurückverfolgen.

Nun geht es auf der Nordseite des Langkofels über ein ausgedehntes Schotterfeld mit ein paar kleinen Kletterpassagen Richtung Rifugio Comici. Zwei Wege verlaufen durch das Schotterfeld direkt unter den Wänden des Langkofels: ein oberer (Weg 526A) und ein wenige Meter tiefer parallel verlaufender Weg (526). Auch hier hat das Niederschlagswasser tiefe Kerben in den Schotter gegraben. Zwischen Fels und Schotter halten sich oft bis in den Sommer letzte Schneefelder. Danach geht es über begrünte Schutthänge zum **Rifugio E. Comici** 08 hinauf. Von hier führt der Weg über Wiesen nach Süden allmählich ansteigend zum markanten Bergsturzgelände „Steinerne Stadt“ und zum **Sellajoch** 01, wo man noch einmal die imposanten Wände der Langkofelscharte bewundern kann.

Herbst in der „Steinernen Stadt“

ÜBER DIE LANGKOFELSCHARTE NACH MONTE PANA

Wanderung über die Confinböden

7,6 km | 2:20 h | 33 hm | 1077 hm | 59 076

START | Parkplatz Sellajoch-Haus
[GPS: UTM Zone 32 x: 711.526 m y: 5.154.308 m]
CHARAKTER | Einfache Wanderung, für den Abstieg durch die Scharte ist jedoch Trittsicherheit erforderlich.

Blick zur Langkofelscharte

Eine der spektakulärsten Seilbahnfahrten in der Region steht am Beginn der Wanderung nach Monte Pana. Die Umlaufbahn vom Sellajoch zur Toni-Demetz-Hütte führt zum höchsten Aussichtspunkt von Gröden und ist eine touristische Attraktion. Auch deswegen muss man bei der Ankunft an der **Talstation** 01 mit relativ langen Schlangen und Wartezeiten von bis zu 30 Min. rechnen. Die Bahn ist schon etwas Besonderes: Die Gondeln gleichen schmalen Kapseln und bieten lediglich zwei Personen samt Rucksäcken Platz. Da alles schnell gehen muss, werden die Passagiere von den Angestellten quasi in die Gondel geschoben – zur Gaudi der noch Wartenden. Die Fahrt selbst ist eindrucksvoll, schaut man doch von oben auf die „Steinerne Stadt", den gewaltigen Felssturz zu Füßen des Langkofelecks. Die Bergstation liegt gleich neben der Toni-Demetz-Hütte.

Aufstieg zu Fuß:
Wer zu Fuß geht, ist ungefähr 1½ Std. unterwegs, der Serpentinenweg führt zwischen Fünffingerspitze und den Wänden des Langkofelecks hindurch.

▶ Hinter der **Toni-Demetz-Hütte** 02 macht man sich entweder gleich auf den Weg zur Langkofelhütte oder beobachtet erst einmal mit dem Fernglas die zahlreichen Kletterer, die rechts und links in den Wänden hängen.

Dann geht es in vielen Serpentinen unangenehm, aber nicht schwierig das Kar hinunter – immer mit spektakulärem Blick auf die Fels-

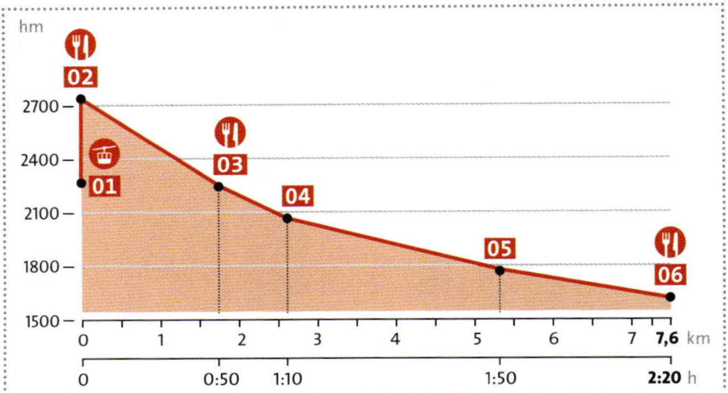

01 2180 m, Talstation am Sellajoch; 02 2685 m, Toni-Demetz-Hütte;
03 2256 m, Langkofelhütte; 04 2081 m, Abzweig Santner Weg;
05 1783 m, Weg 30 nach Monte Pana; 06 1630 m, Parkplatz Monte Pana

wände und einen Teil der Seiser Alm. Unten im Karboden angekommen, ist es nicht mehr weit bis zur **Langkofelhütte** 03, die an Sommertagen allerdings stark frequentiert wird.

Von der Langkofelscharte nach Monte Pana: Von der Hütte nimmt man nicht den Fahrweg talwärts, sondern läuft über den Serpentinenweg 525 Richtung Monte Pana. Von den Kehren aus hat man nochmals einen schönen Blick Richtung Süden in das Tal, an dessen Ende der Oskar-Schuster-Klettersteig auf den Plattkofel beginnt. An der Wegkreuzung leitet der grobschottrige **Santner Weg** 04 in den Lärchen- und Zirbenwald hinein. Mäßig steil geht es in vielen Kehren talwärts.

Confinböden: Ein abzweigender Weg (zur Plattkofelhütte, 527A) wird ignoriert, es geht weiter bergab zu den Confinböden (Plan de Cunfin). Der ladinische Name der Confinböden leitet sich vom lateinischen *planum confinis* (Grenzböden) ab. Der alte Flurname verweist auf die Gemeindegrenze zwischen Kastelruth und St. Christina. Die Confinböden sind nicht nur ein landschaftliches Kleinod, sondern auch ein wichtiger Wasserspeicher für Gröden.

Immer wieder lohnt sich von den herrlichen Bergwiesen der Blick zurück in die Langkofelscharte. Nach wenigen Minuten Wanderung durch den kühlen Nadelwald trifft man auf eine weitere Wegkreuzung, an der der Santner Weg 527 endet. Eine breite Forststraße (**Weg 30**) 05 leitet den Wanderer nun Richtung Monte Pana, meist durch Wald, aber zwischendurch auch mit schönem Blick auf den Schlern. Dann ist der Schlussabstieg angesagt.

Am **Parkplatz Monte Pana** 06 lässt sich an einem dreidimensionalen Modell der Lang- und Plattkofelgruppe die Tageswanderung nachvollziehen. Mit Bus, Sessellift oder eigenem Fahrzeug kann man dann nach St. Christina hinunterfahren.

Tambres
Juac · 1918
Juac Alm
Pramulin
Runcaudie
Insom
Lech de Schutz
Prauleta
Plajes
Valtemea
Plesdinaz
Fussel
Tubla
Ulëta
1652
1782
Col da la Pelda
Gardena
Gardena
Dauněi
Biel
Ronda Express
Gardena Train
Plazola
Dorives
La Poza
Rustlea
Ruacia
Piciulëi
St. Christina i. Gröden
S. Cristina Val Gardena
S. Crestina Gherdeina
Fischburg
Cast. Gardena
L' Muliné
Dlaces
La Selva
1609
Wolkenstein i. Gröden
Selva di Val Gardena
Sëlva
Prensa
1555
Culac
Ciaslat
28
Cendevaves
Monte Pana
06
1636
1645
Col Marisana
Ruf di Stenc
1771
1828
in Planung
Col Stravertei
Saslonch
2105
Socherz
28
2025
Mont de Sëura
2044
Ciampinoi 2254
2191
05
1884
Tiejasattel
Sella Tieja
2054
Piz Ciaulonch
Col de Mesdi
28
2069
2127
Rif. Vallongia 2030
2114
Piz Sella
2239
Ciaulonch-Sattel
For. Ciaulonch
Rif. E. Comici
2153
Langkofel
Sassolungo
Saslonch
2836
3173
3181
3096
Biv. R. Giuliani 3100
Il Gran Campanile
04
Langkofelhütte
Rif. Vicenza
2256
3018
28
2688
03
Langkofeleck
Spalone de Sassolungo
2183
Plattkofelturm
Torri del Sassopiatto
Langkofelkarsp.
Piza de Dantersasc
3081
2821
Toni Demetz-Hütte
Langkofelscharte
Forc. Sassolungo
2860
2954
2853
Rif. T. Demetz
2685
2681
2958
Innerkoflerturm
2998
02
28
2260
2212
Sas da Mesdi
Fünffingerspitze
Plattkofel
Sasso Piatto
Sasplat
Zahnkofel
Il Dente
3000
3081
Cinque Dita
3114
Passo Sella
Dolomiti Mountain Resort
2180
Grohmannspitze
Sasso Levante
V28
2859
2265
01
2564
28
M.ga del Sasso Piatto
Rif. Sandro Pertini 2300
Rif. Salëi 2222
Fienile Monte
2274
2298
Forc. Rodella
Chalet Margherita
Rif. Friedrich August
2318
0
500 m
Ruf de Ragna
Rif. Col Rodella 2484
2397
2104
Col Rodella
2484

PLATTKOFEL • 2958 m

Eindrucksvolle Weit- und Tiefblicke

4,8 km | 3:10 h | 670 hm | 670 hm | 59 076

START | Plattkofelhütte
[GPS: UTM Zone 32 x: 707.224 m y: 5.153.655 m]
CHARAKTER | Die Tour erfordert Trittsicherheit und Schwindelfreiheit, der Auf- und Abstiegsweg ist schlecht markiert, vor dem Gipfel eine kleine Kletterpassage.

Schlussanstieg zum Gipfel

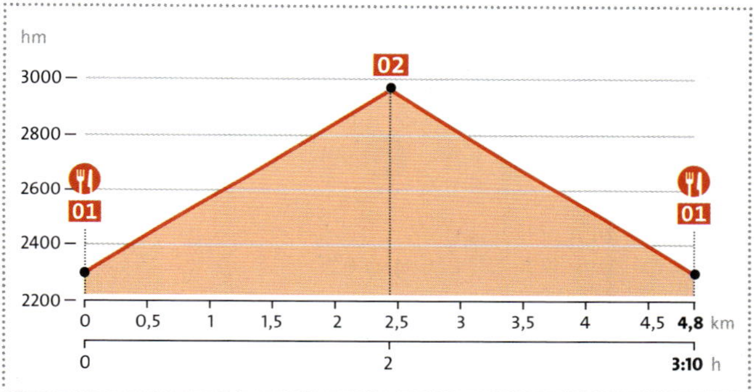

01 2300 m, Plattkofelhütte; 02 2958 m, Gipfel des Plattkofels

Die Westflanke des Plattkofels ist eine 30° schiefe Ebene, die besonders markant von der Westseite der Seiser Alm aus zu sehen ist. Von seiner Südseite lässt sich der Plattkofel problemlos erklimmen. Ein einsames Gipfelerlebnis sollte jedoch niemand erwarten, denn viele Wanderer besteigen ihn – vom Sellajoch oder der Seiser Alm kommend – im Rahmen einer Tageswanderung. Am ruhigsten ist es sicher am späten Nachmittag oder frühmorgens.

▶ Gestartet wird unmittelbar an der **Plattkofelhütte** 01: Durch das Gatter hindurch und dann der Beschilderung (Weg 527) bzw. den markanten Spitzkehren über den Grasbuckel folgen. Nach dem ersten Buckel und einer anschließenden Mulde geht es stetig durch Schutt und Geröll aufwärts. An sich gibt es nur einen Steig, doch die absteigenden Wanderer haben teilweise Abkürzungen genommen, sodass man nun aufwärts steigend genau auf die Markierungen achten muss.

Im unteren Teil geht es zunächst zwischen zwei Felsrinnen empor, dann wird auf halber Höhe die rechte Rinne gequert. Anschließend steigt man in östlicher Richtung in einem kleinen Bogen zum Gipfelkamm empor.

Zum Gipfelkreuz (einem mit Steinen gefüllten Metallkreuz), das den Mittelgipfel markiert, geht es im Schlussanstieg über etwas steileres Felsgelände hinauf.

Am **Gipfel** 02 sollte man etwas aufpassen, fallen die Nordwände doch fast senkrecht zur Langkofelscharte ab. Schwer zu sagen, was eindrucksvoller ist: Die nahen Felstürme und Wände der Langkofelgruppe, der Blick hinunter zur tief unten liegenden Langkofelhütte, der Blick durch zwei Türme hinüber zur Ostwand des Sellastocks oder aber das 360°-Panorama über Marmolada, Rosengarten, Seiser Alm bis hin zu den Geislerspitzen.

Der Abstieg erfolgt über den Aufstiegsweg, auch hier sind die Markierungen eher spärlich und ein Hauptweg nicht immer gut zu erkennen, dennoch ist man erstaunlich zügig wieder unten an der **Plattkofelhütte** 01.

FRIEDRICH-AUGUST-WEG

Panoramaweg vom Rosengarten zum Sellajoch

12,7 km | 3:25 h | 395 hm | 659 hm | 59 076

START | Tierser Alpl Hütte
[GPS: UTM Zone 32 x: 702.026 m y: 5.152.661 m]
CHARAKTER | Leichter Panoramaweg, der Ostteil ist ein im Sommer vielbegangener Weg.

Auf der Schneid (Westteil):
Der westliche Teil des Höhenwegs von der Tierser Alpl Hütte zur Plattkofelhütte ist ein herrlicher Panoramaweg! Auf einem grasbewachsenen Höhenrücken wandert man ohne nennenswerte Steigungen auf den Plattkofel zu und genießt dabei einen grandiosen Blick nach links auf die Seiser Alm, nach rechts ins Val Duron, auf die düsteren Wände des Molignonkamms und ins Fassatal. Die Schneid markiert zugleich die Provinzgrenze zum Trentino und die Sprachgrenze vom Italienischen (Fassatal) zum Ladinischen (Gröden).

▶ Von der **Tierser Alpl Hütte** 01 läuft man zunächst am Windrad vorbei auf einer Fahrstraße (Weg 4) auf der linken Talseite talwärts. Um der Erosion vorzubeugen, wurde die Fahrstraße nach Campitello di Fassa mit zwei Betonspuren gesichert. Dort, wo der breite Fahrweg durch eine Art Holztor Richtung Norden führt, bleibt man diesseits

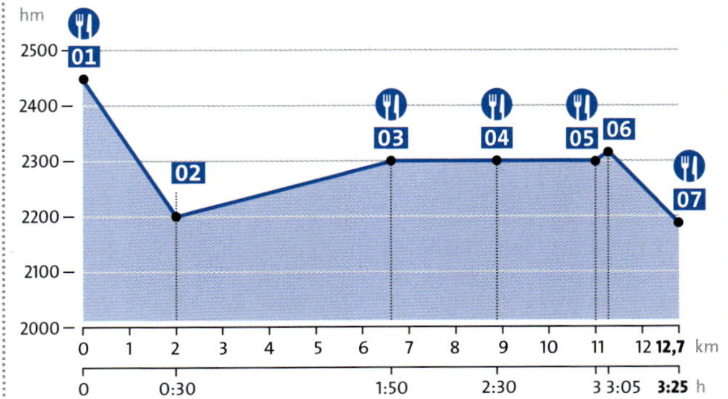

01 2440 m, Tierser Alpl Hütte; 02 2204 m, Mahlknechtjoch; 03 2300 m, Plattkofelhütte; 04 2300 m, Rif. Sandro Pertini; 05 2298 m, Friedrich-August-Hütte; 06 2318 m, Forcella Rodella; 07 2180 m, Sellajoch

Auf der Schneid – immer den Plattkofel vor Augen

des Weidezauns und wandert auf Weg 4 um einen kleinen Hügel herum zum **Mahlknechtjoch (Passo de Duron)** 02, wo man den Fahrweg bzw. Wanderweg 532 ins Val Duron und nach Campitello kreuzt. Vom Pass hat man nochmals einen schönen Blick zurück auf die Rosszähne und zum Windrad auf dem Tierser Alpljoch.

In leichtem Auf und Ab geht es nun über kuppige Bergwiesen. Rechts sollte man auf die schwarzen, glatt polierten Hänge achten, aus denen einzelne Rippen herauspräpariert sind. Der Untergrund ist vulkanischen Ursprungs (Tuffe). Mal am Hang, mal auf dem Kamm am Weidezaun entlangwandernd, rückt der Plattkofel immer näher. Unterwegs bieten sich herrliche Ausblicke auf den nordöstlichen Teil des Rosengartens und auf die Marmolada. Der Hügel des Palacia (2351 m) wird in einem ausgreifenden Bogen umgangen, dann folgt der Schlussanstieg zum Fassajoch und der darunter liegenden **Plattkofelhütte** 03.

Ostteil:
Auch im zweiten Teil läuft man weitgehend höhenparallel, zu Füßen von Plattkofel, Zahnkofel und Grohmannspitze, Richtung Sellajoch. Der Blick reicht von den Nordwänden des Rosengartenmassivs über Fassatal und Marmolada bis zum Funkturm am Col Rodella. So faszinierend die Fernblicke sind, so eindrucksvoll sind auch die kleinen Sehenswürdigkeiten am Weg-

Malga del Sasso Piatto

rand und der schöne Blick talwärts ins Val Duron. Und nicht vergessen: immer mal wieder umdrehen und das Panorama zurück genießen!

Nach dem Gatter an der Plattkofelhütte folgt man der Ausschilderung Richtung Sellajoch (der Fahrweg rechts führt zur Malga del Sasso Piatto). Der Weg verläuft am steilen Wiesenhang, nach wenigen Minuten kommt die unterhalb liegende malerische Malga del Sasso Piatto in Sicht. Hinter ihr türmen sich mehr als haushohe Felsbrocken, die einst aus den Plattkofelwänden herausgebrochen sind. Wenig später weist eine Tafel den Weg zur Hütte (5 Min.). Eine kleine felsige Rinne, die gequert werden muss, ist mit Holztreppe und Bohlen gesichert, es folgen zwei kleine Gegenanstiege.

Einen malerischen Anblick bietet auch das 20 Minuten später erreichte **Rifugio Sandro Pertini** **04**, das sich hinter einem mächtigen Felsblock versteckt. Richtung Norden wird die Hütte von den Wänden des Zahnkofels überragt. Weiter geht es über Wiesenhänge höhenparallel gen Osten, nun mit Blick auf die Sella und ab und zu auch ins Fassatal. Sichtbare Ziele sind die Bergstation der Seilbahn Col Rodella und wenig später auch die **Friedrich-August-Hütte** kurz unterhalb der Forcella Rodella.

Bevor diese erreicht wird, muss noch eine tief eingekerbte Rinne überwunden werden, über die ein Holzsteg führt. Ein kurzes Stück ist seilversichert, da der Weg ausgewaschen und glattpoliert ist.

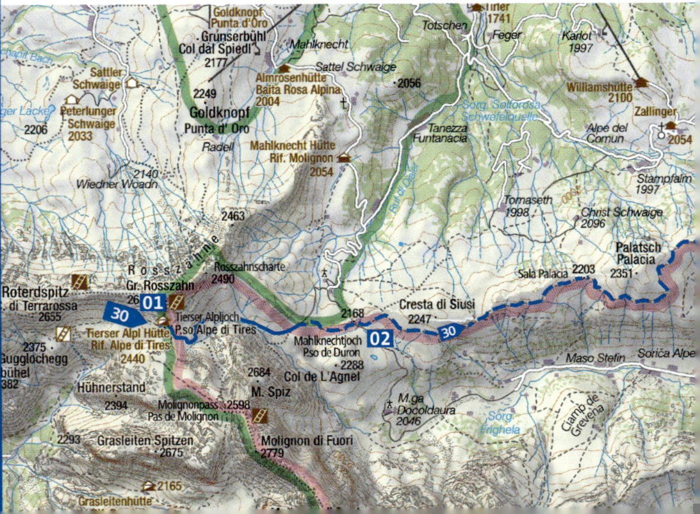

Vor der Friedrich-August-Hütte ist die Erosion so stark, dass die Grasnarbe weggeschwemmt wurde und schwarzer Tuff zum Vorschein kommt

Dann sind schon die renovierte **Friedrich-August-Hütte** 05 und der Sattel **Forcella Rodella** 06 erreicht. Hier ist es mit der Bergeinsamkeit vorbei. Neben einem überlebensgroßen Hochlandrind aus Holz schauen auch ein paar echte Rinder dem Treiben zu. Am Sattel hält man sich links und folgt dem Fahrweg talwärts. An zwei Berggasthäusern vorbei ist bald das **Sellajoch** 07 erreicht. Mit dem Bus kann man von dort zurück in die Talorte Grödens fahren.

DIE STEINERNE STADT

Naturdenkmal am Fuß des Langkofels

3,5 km | 1 h | 120 hm | 120 hm | 59 076

START | Talstation der Langkofelbahn [GPS: UTM Zone 32 x: 344.015 m y: 5.274.244 m]
CHARAKTER | Der obere Weg mit den Informationstafeln ist ein Güterweg, der Rückweg (Weg 526) durch das Felssturzgelände dagegen ein schmaler Pfad. Ein Drittel des Wegs führt über Skipisten, auch Liftanlagen werden gequert.

Das Naturdenkmal mit dem klangvollen Namen ist ein riesiger Felssturz auf der Südostseite des Langkofels. Die zum Teil häusergroßen Brocken liegen über ein großes Areal verteilt, das von der Passstraße aus je nach Lichteinfall an eine kleine Stadt erinnert. Das Gelände mit überhängendem Dolomit ist ein beliebtes Klettergelände, vor allem zum Bouldern.

Lehrpfad Naturonda: Der Naturlehrpfad beginnt oberhalb der **Talstation** 01 der Langkofelbahn. Gleich zu Beginn zeigt ein Luftbild die Ausdehnung des Felzsturzgeländes, eine weitere Tafel erläutert die Entstehungsgeschichte. Die folgenden Tafeln, die allesamt immer etwas abseits des Hauptweges platziert sind, informieren über die Tier- und Pflanzenwelt.

Der Lehrpfad führt leicht ansteigend unterhalb der Südostwand des Langkofels durch das Felssturzgebiet zu einer ersten Aussichtsplattform, auf der ein großformatiges Bild die einzelnen Türme des Sellastocks erläutert, sowie zu einer zweiten **Fototafel** 02 mit den Gipfeln der Geislerspitzen und der Puezgruppe.

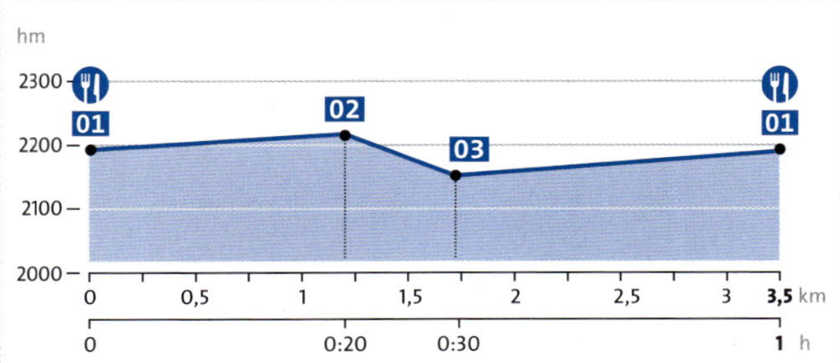

01 2180 m, Talstation der Seilbahn zur Langkofelscharte; 02 2230 m, 2. Fototafel Berge (Geisler- und Puezgruppe); 03 2149 m, Weggabelung

Infotafeln und Bänke säumen den Lehrpfad

Weniger spektakulär ist der nun folgende Abstieg über Skipisten zu einer **Weggabelung** 03. Hier trifft der Güterweg zur Comici-Hütte auf den Wanderweg 526, der zurück zum Sellajoch führt. Ihm folgt man wieder leicht ansteigend bis zu einem Weidezaun mit Marterl. Kurze Zeit später taucht man erneut in das Felssturzgelände ein, ein schmaler, aber unschwieriger Pfad führt durch die haushohen Blöcke und zwischen Zirben, Kiefern und Sträuchern hindurch.

Der Weg endet schließlich an einer Skistation am **Sellajoch** 01.

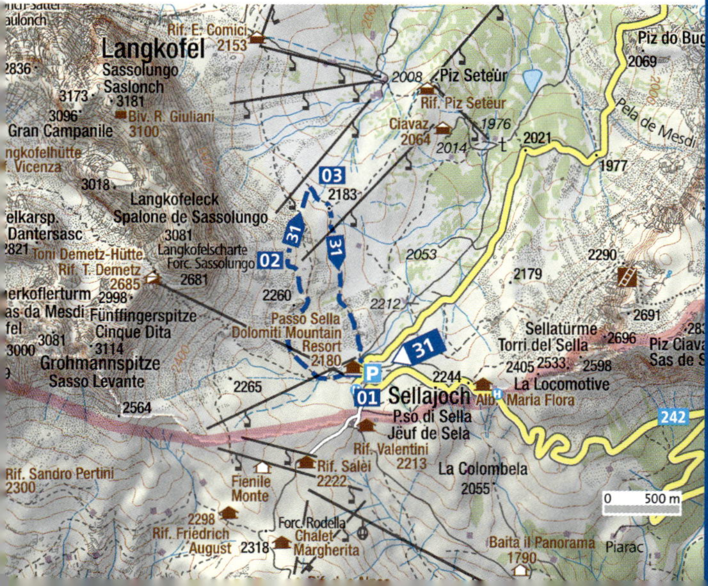

GEOTRAIL

Lehrreiche Wanderung unterhalb des Puflatsch

6,6 km | 2:20 h | 302 hm | 302 hm | 59 076

START | Parkplatz Hotel Pinei
[GPS: UTM Zone 32 x: 700.959 m y: 5.161.693 m]
CHARAKTER | Aussichtsreiche, leichte Wanderung.

Der Geotrail sei allen empfohlen, die länger in Gröden wandern wollen, denn er bietet eine gute, wenn auch manchmal sehr wissenschaftliche Einführung in die Geologie und die Entstehung der Dolomiten und des Grödentals.

▶ Am **Parkplatz des Naturhotels Pinei** 01 weisen Schilder rechts am Hotel vorbei zum Geotrail. Gleich zu Beginn bietet ein Luftbild mit der eingezeichneten Route und den Standorten der acht Infotafeln einen Überblick über die Wegstrecke. Zunächst geht es leicht ansteigend durch Bergwiesen, auf denen Lärchen und Zirben schöne Akzente setzen.

Nach wenigen Minuten biegt man an einer **Weggabelung** 02 links auf Weg 3A nach **Pufels** ab. Bis zum Waldrand genießt man dabei noch einen herrlichen Blick über Gröden. Ein Teil des Lehrpfads, die alte Pufler Straße, ist als Schneise im Wald erkennbar. Vorbei an zwei Gebäuden geht es auf einem Waldweg zu einer weiteren Weggabelung. Hier beginnt der neu angelegte **Verbindungsweg** 03, der talwärts zur alten Pufler Straße leitet – geradeaus führt Weg 3 nach Pufels (Rückweg). Der kurze Verbindungsweg verläuft relativ steil links neben einer Rinne, quert diese dann und erreicht kurz danach die **alte Fahrstraße** 04. Hier beginnt der groß-

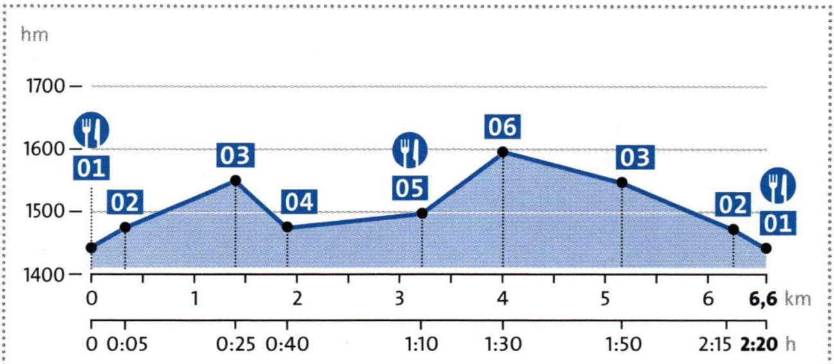

01 1444 m, Hotel Pienei; 02 1470 m, Weggabelung; 03 1550 m, Abzweigung Verbindungsweg; 04 1470 m, Alte Pufler Straße/Infotafel 2; 05 1500 m, Pufels (Tunnelausgang); 06 1603 m, Col da Locia

Löchriger Käse: Wissenschaftler entnehmen hier regelmäßig Gesteinsproben; alle Bohrlöcher sind durchnummeriert

zügig ausgebaute Panoramaweg mit sechs Infotafeln zu verschiedenen geologischen Themen. Von der Straße aus genießt man schöne Ausblicke nach St. Ulrich und talaufwärts Richtung Wolkenstein sowie in der Gegenrichtung zum Panider Sattel. Zwischen den Tafeln 3 und 4 laden Bänke dazu ein, die Landschaft in Ruhe zu betrachten. Kurz vor Tafel 6 kommen dann die ersten Häuser von Pufels in Sicht.

Pufels, das administrativ zur Gemeinde Kastelruth gehört, liegt auf einer Sonnenterrasse oberhalb der Pufler Schlucht, die sich von der Seiser Alm bis nach St. Ulrich zieht. Am Ortseingang mündet die alte in die neue **Straße von Pufels (Tunnelausgang)** 05. Wer Zeit hat, sollte sich die sehenswerte Dorfkirche anschauen.

Dort, wo sich die Straße teilt, folgt man den Wegweisern den Westhang bergauf. Nach einer Kehre kommen einige alte, schön restaurierte Höfe in traumhafter Lage in Sicht. Oberhalb des letzten Hofes ist der höchste Punkt des geologischen Lehrpfads erreicht, der **Col da Locia** 06. Hier laden eine Bank unter einem Kreuz und die Infotafel 7 zu einer weiteren Rast ein.

Ab hier führt der Geotrail nun hangparallel, etwas höher als der Hinweg, zurück zur anfangs beschriebenen Weggabelung. Die letzte Tafel 8 informiert unterwegs noch über den Bergsturz von Pontives. Ab dem Abzweig des **Verbindungswegs** 03 geht es auf dem Hinweg zurück zum **Parkplatz** 01.

Col da Locia mit Infotafel 7, Blick ins Val Cuecena und zur Seceda

PUFLATSCHUMRUNDUNG

Auf dem Aussichtsbalkon der Seiser Alm

11 km | 4:50 h | 890 hm | 890 hm | 59 076

START | Parkplatz in Pufels
[GPS: UTM Zone 32 x: 702.003 m y: 5.160.221 m]
CHARAKTER | Im oberen Teil des Schnürlsteigs sind kurze, felsreiche Passagen mit Seilen gesichert, die Puflatschrunde selbst ist einfach zu begehen.

Zu den schönsten Wanderungen auf der Seiser Alm zählt die große Runde über die Hochfläche des Puflatsch im Westen der Hochalm. Nach Norden und Westen bricht das Plateau jäh ab und bietet dadurch herrliche Ausblicke zum Schlern, ins Eisacktal und weit darüber hinaus. Richtung Osten bilden Platt- und Langkofel eine eindrucksvolle Bergkulisse.

▶ **Aufstieg:** In **Pufels** 01 beginnt die Wanderung an der Straßengabelung oberhalb des Gasthauses Hotel Mesavia. Hier nimmt man die relativ steil bergauf führende Teerstraße, von der gleich nach der Rechtskehre links der **Wanderweg** 02 abgeht (Wege 24/3A). Ihm folgt man, bis rechts ein rot-weiß-rot markierter Weg (24) abzweigt, der zu einer Quellfassung führt. An die-

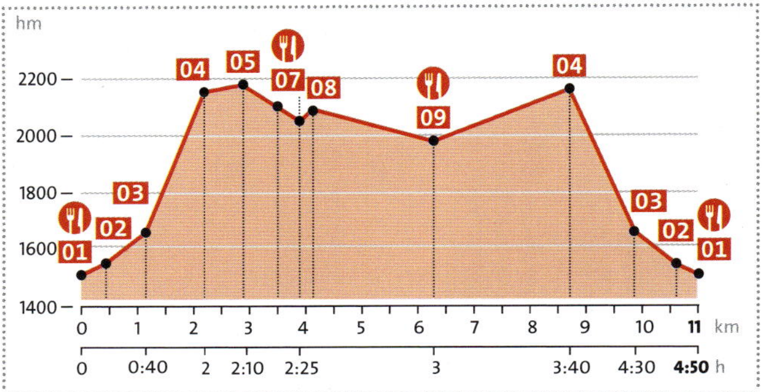

01 1500 m, Parkplatz in Pufels; 02 1555 m, Abzweig Wanderweg von der Teerstraße; 03 1644 m, Schnürlsteig; 04 2150 m, Fillner Kreuz; 05 2162 m, Hexenbänke; 06 2104 m, Gollerkreuz; 07 2051 m, Arnikahütte; 08 2077 m, Wetterkreuz; 09 1987 m, Abzweig Dibaita-Hütte

ser vorbei folgt man dem **„Schnürlsteig“** (Weg 24) 03 auf einem schönen, kehrenreichen Waldweg mit angenehmer, gleichmäßiger Steigung. Nach rund 40 Min. öffnet sich der Weg zu einer kleinen Wiese mit Bänken. Von hier aus schaut man sowohl auf den Panider Sattel und St. Peter als auch nach St. Ulrich. Nach weiteren 20 Min. durch den Hochwald kommt eine zweite Lichtung in Sicht. Auf dem letzten

Basaltorgel kurz unterhalb des Fillner Kreuzes

Drittel zum Fillner Kreuz wird der Steig zusehends felsiger, in einer Kurve genießt man ein erstes Mal den Blick auf die Seiser Alm und das Fillner Kreuz. Von der Ostflanke wechselt der Weg nun auf die Nordseite des Fillner Kreuzes und steigt weiter zügig bergan. Wer sich unsicher fühlt, kann an einigen steilen Stellen auf eine Seilversicherung zurückgreifen. Kurz unterhalb des Gipfels liegt rechter Hand (in einer Linkskurve, Wegmarkierung 24) eine geologische Besonderheit, eine Basaltorgel.

Der Ausblick vom **Fillner Kreuz** 04 belohnt für die Mühen des Aufstiegs. Am Kreuz beginnt auch die mit „PU“ markierte Puflatschumrundung. Den Schildern Richtung Hexenbänke folgend, verläuft der Weg immer entlang der Kante und bietet daher grandiose Fernblicke in alle Himmelsrichtungen. Als Haltepunkte unterwegs empfehlen sich die **Hexenbänke** 05, das **Gollerkreuz** 06 und die **Arnikahütte** 07. Hier besteht zudem die Möglichkeit, die Runde abzukürzen und direkt zur Bergstation Puflatsch und weiter zum Fillner Kreuz zu laufen.

Auf der großen Puflatschrunde folgt man nun der Beschilderung zur

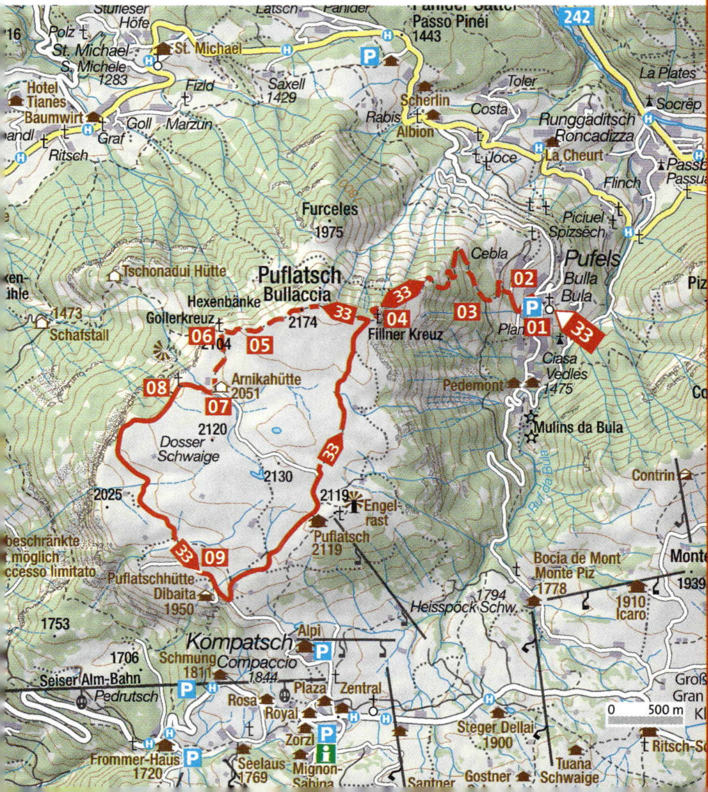

Schöne Fotomotive bieten Sella, Langkofel und Plattkofel

Hexenbänke

Am Fuße des Schlern liegen viele alte Quellheiligtümer, Brandopferplätze, Wallburgen und weitere Kultorte. Rund um diese Kraftorte und Kultstätten sind unzählige Sagen und Geschichten entstanden, u. a. die Sage von den Schlernhexen. Bei den Hexenbänken auf dem Puflatschplateau sollen bis ins Mittelalter hinein Hexentänze stattgefunden haben. Bei den Hexenbänken handelt es sich rein wissenschaftlich gesehen um Basaltsteine aus Augitporphyr, die in ihrer ungewöhnlichen Anordnung an steinerne Sessel mit Sitzfläche und Armlehnen erinnern.

Dibaita-Hütte und nach Kompatsch. Von der in einer Senke liegenden **Arnikahütte** 07 geht es zunächst einen kleinen Gegenanstieg hoch, wenig später mündet nach Passieren eines **Wetterkreuzes** 08 Weg 8 aus Kastelruth in die Puflatschrunde ein. Nach Überquerung eines Bachs endet der Pfad, nun geht es auf einem landwirtschaftlichen Fahrweg weiter. Vorbei an Almhütten kommt schon bald die etwas unterhalb des Rundwegs liegende **Dibaita-Hütte (Puflatschhütte)** 09 in Sicht. Alsbald mündet von links eine Asphaltstraße ein, die talwärts nach Kompatsch führt.

Rückweg zum Fillner Kreuz: Statt nach Kompatsch abzusteigen, nimmt man die Gegenrichtung und wandert auf der geteerten Straße Richtung Norden zur Bergstation Puflatsch (Achtung: Schild fehlt). Oben angekommen helfen wieder Wegweiser bei der Orientierung. Bis zu einer erneuten Weggabelung folgt man den Wegweisern „PU“ und Arnikahütte (Weg 14). An der Gabelung hält man sich dann rechts und erreicht wenig später das **Fillner Kreuz** 04, wo man noch ein letztes Mal den weiten Blick über die Seiser Alm genießen kann.

Der **Rückweg** erfolgt wie der Aufstieg über den Schnürlsteig.

ZU FUSS AUF DIE SEISER ALM

Von Pufels zur Ritsch-Schwaige

9,4 km | 3:10 h | 550 hm | 550 hm | 59 076

START | Parkplatz in Pufels
[GPS: UTM Zone 32 x: 702.003 m y: 5.160.221 m]
CHARAKTER | Überwiegend geteerte Straße.

Von Pufels ist es nicht weit zur Ritsch-Schwaige auf der Seiser Alm, von der aus sich viele Möglichkeiten zum Wandern bieten.

Vom **Parkplatz in Pufels** 01 folgt man den Wegweisern „Seiser Alm" und wandert zunächst noch eben zwischen zum Teil extrem steilen Bergwiesen zu den südlichsten Häusern des Ortes und dem **Hof Lavies** 02. Nun geht es in moderater Steigung auf Forstweg durch den Pufler Wald, von links mündet alsbald **Weg 3A** 03 in die Fahrstraße ein. Je höher man aufsteigt, desto stärker verengt sich die Pufler Schlucht. Nach einer Brücke – man befindet sich nun schon auf der Seiser Alm – zwängt sich die Straße zusammen mit dem Pufler Bach zwischen Felsen hindurch auf die Hochfläche. Links des Weges folgt eine kleine Kapelle mit Bank, gleich darauf kommen die ersten Aufstiegsanlagen und das **Hotel Monte Piz** 04 in Sicht. Kleine Holzstadel und Lärchen säumen den weiteren Weg, von dem aus man einen tollen Blick auf den Schlern, bald darauf auch auf Langkofel und Plattkofel genießt. Ein **Marterl mit Bank** 05 lädt nochmals zu einer Rast ein. Von dort sind es nur noch wenige Schritte bis zur **Ritsch-Schwaige** 06, vor der auch der Seiser-Alm-Bus hält. **Zurück** auf dem Hinweg oder über die Variante **Weg 3A** 03, der am oberen Ortsende auf die Dorfstraße trifft.

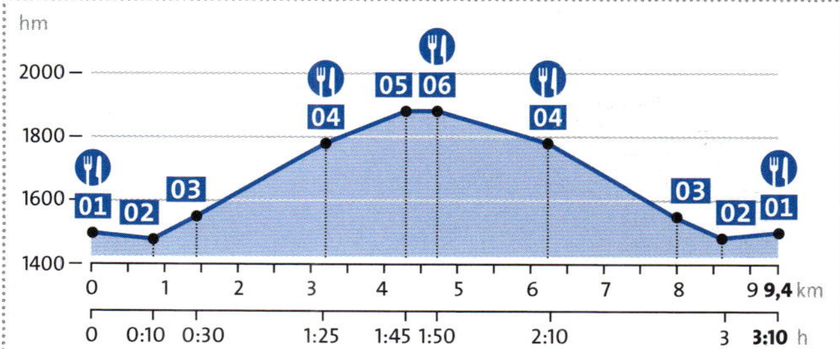

01 1500 m, Parkplatz in Pufels; 02 1481 m, Hof Lavies; 03 1567 m, Abzweig Weg 3A; 04 1778 m, Hotel Monte Piz; 05 1870 m, Marterl; 06 1870 m, Ritsch-Schwaige

Eindrucksvolle Hintergrundkulisse: Langkofel (links) und Plattkofel

HANS-UND-PAULA-STEGER-WEG

Lehrreiches über die Seiser Alm

11,2 km | 3:10 h | 490 hm | 490 hm | 59 076

START | Bushaltestelle Hotel Steger-Dellai [GPS: UTM Zone 32 x: 344.015 m y: 5.274.244 m]
CHARAKTER | Waldwege und geteerte Straßen im Wechsel. Zwischen dem Hotel und der Laranz-Schwaige ist der Weg ganzjährig begehbar, im letzten Abschnitt danach muss man im Frühjahr oder im Herbst im Wald mit vereisten oder schneebedeckten Wegabschnitten rechnen.

Der Reiz des Kultur- und Natur-Lehrpfads besteht im Wechsel von Almwiesen und Lärchenwiesen, schattigen Fichtenwäldern und fantastischen Dolomitenansichten – wer ihn läuft, erhält einen intensiven Einblick in die landschaftliche Vielfalt der Seiser Alm. Tafeln informieren nicht nur über den Bergpionier, Skilehrer und Rennläufer Hans Steger und seine Frau, die Skilegende Paula Steger – beide begeisterte Kletterer und Bergsteiger –, sondern auch über die Landschaftsgeschichte und die historische Bewirtschaftung der Seiser Alm seit dem Mittelalter. Weitere Themen sind u. a. die alpine Flora und Fauna. Nach dem Tod von Hans und Paula Steger wurde die

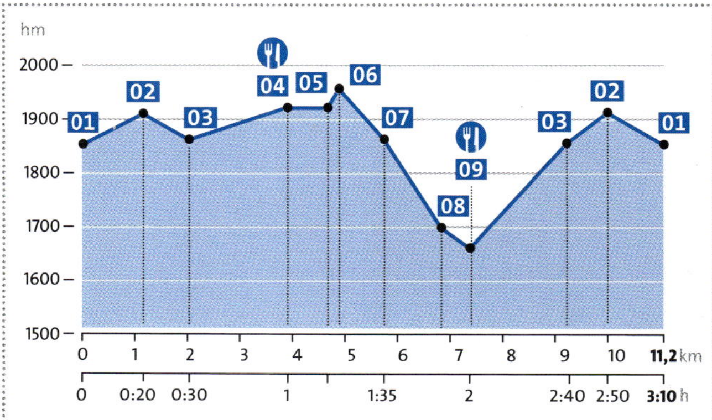

01 1857 m, Bushaltestelle Hotel Steger-Dellai; 02 1916 m, Abzweig Weg 6; 03 1866 m, Bushaltestelle Santner; 04 1923 m, Laranz-Schwaige; 05 1922 m, Zatzerbach; 06 1958 m, Abzweig Weg 12; 07 1865 m, Steig 12 nach Saltria; 08 1700 m, Teerstraße (Weg 9); 09 1665 m, Saltria (Haltestelle)

Hans-und-Paula-Steger-Stiftung gegründet, die sich um den Erhalt der Natur- und Kulturlandschaft Seiser Alm kümmert.

▶ Von der **Bushaltestelle** **01** geht es ohne nennenswerten Höhenunterschied über aussichtsreiche Lärchenwiesen bis zur Fahrstraße nach Saltria mit der **Bushaltestelle Santner** **03**. Hier zweigt rechts Weg 12A nach Süden ab und führt als Almweg leicht bergab an einigen Stadeln vorbei ins Tal des Tschafonbachs und dann wieder im Gegenanstieg auf die alte Höhe

hinauf. Aussichtsreich geht es mit grandiosem Blick auf Langkofel und Plattkofel zur neu erbauten **Laranz-Schwaige** **04** (mit Heulager als Spielplatz für Kinder, aber auch als Übernachtungsmöglichkeit).

Vorbei an einem Skilift – hier ist der höchste Punkt der Wanderung erreicht – taucht man nun in ein kleines Waldstück ein, kreuzt den **Zatzerbach** **05** und steigt links von ihm kurzfristig etwas steiler bis zur Mutzalm auf. An der folgenden **Wegkreuzung** **06** ignoriert man den nach Süden zur Mahlknechthütte führenden Weg und folgt stattdessen dem links parallel zu einem Weidezaun verlaufenden Weg 12. Dieser führt nun talwärts zu einer Almstraße. Auf dem mit 12 markierten **Steig** **07** geht es zum Ende hin ziemlich steil zu einem Bach und zur **Teerstraße (Weg 9)** **08** hinunter. Vorbei am frisch renovierten Hotel Floralpina ist schon bald die **Bushaltestelle in Saltria** **09** erreicht.

Zurück geht es auf dem Wiesenpfad 30 zur **Bushaltestelle Santner** **03** und von dort auf dem Hinweg zurück zur **Bushaltestelle** **01**.

La Cheurt
Passberg
Passua
Mus. Groden
Rainell
Flinch
Tlesura
Fumé
Sureghes
Ronc
Piciuel
Spizsëch
Pufels
Bulla
Bula
Cebla
Piz Culac
1704
Minert
Pilat
1525
Fillner Kreuz
Plan
Ciasa
Vedles
1475
Pedemont
Mulins da Bula
Col da la Dodesc
2109
Mont Sëuc
2005
2006
Mezdi
1886
Contrin
Sonne
Sole
1858
Ruf da Bula
Monte Icaro
1939
Sanon
Bocia de Mont
Monte Piz
1778
1794
Heisspöck Schw.
1910
Icaro
1907
Col dal Le
Wolfsbüh
1902
Col dal Fil
Großes Moos
Gran Paluch
Kleines Moos
Pitl Paluch
35
01
02
03
04
05
06
07
08
09
Steger Dellai
1900
Tuana
Schwaige
Ritsch-Schwaige
Rauchhütte
Santner
Malga o
Hofer S
1839
Santner
Gostner
Schwaige
Zemmer
Senne
Ciaforn
Brunelle
Saltria
Radauer
Schwaige
1809
Römeralm
Saltria
Sautaria
Saltner Schw
1728
anorama
2009
Lanzin
Stiera
1780
Ladinser Moos
Paluch di Ladins
Laranz
Schwaige
Floralpina
Paradiso
Almgasthof
Tirler
1741
Goldknopf
Punta d'Oro
Grunserbühl
Col dal Spiedl
2177
Mahlknecht
Totschen
Feger
Karlot
1997
Sattler
Schwaige
Sattel Schwaige
2056
Almrosenhütte
Baita Rosa Alpina
2004
2249
Williams
Peterlunger
Schwaige
2033
Goldknopf
Punta d' Oro
Sorg. Solforosa
Schwefelquelle
Radell
Tanezza
Funtanacia
Mahlknecht Hütte
Rif. Molignon
2054
2140
Wiedner Woadn
Ruf di Dialer
Tomaseth
1998
Chris
2096
2463
Rosszähne
Rosszahnscharte
2490
Gr. Rosszahn
2653
Sala Palacia
2203
0
500 m
Cresta di Siusi
2247
2168
Tierser Alpljoch
P.so Alpe di Tires
Tierser Alpl Hütte
Rif. Alpe di Tires
Mahlknechtjoch
Pso de Durop

ZUM TIEFSTEN PUNKT DER SEISER ALM

Die Hochalm von ihrer schönsten Seite

12,7 km | 3:30 h | 191 hm | 970 hm | 59 076

START | Bergstation Seiser Alm, St. Ulrich, Talstation mit eigenen Parkplätzen [GPS: UTM Zone 32 x: 344.015 m y: 5.274.244 m]
CHARAKTER | Abwechslungsreiche leichte und aussichtsreiche Wanderung auf Wiesenpfaden und Forstwegen, leider aber auch relativ lange auf Teerweg (ab Parkplatz Jender bis St. Ulrich).

Die Seiser Alm ist die größte Hochalm Europas und eine schützenswerte Kulturlandschaft. Einer der landschaftlich schönsten Wege ist der hier vorgestellte Weg 9, der von der Bergstation der Umlaufbahn nach Saltria, dem tiefsten Punkt der Hochalm, führt. Zurück geht es entlang des Jenderbachs, der weite Teile der Hochalm entwässert.

▶ Verlässt man die **Bergstation** 01, steht man staunend vor einem gewaltigen Bergpanorama. Die gesamte Seiser Alm, die im Osten von der Lang- und Plattkofelgruppe und im Süden vom Bergkamm zwischen Roterdspitze und Schlern begrenzt wird, liegt einem hier zu Füßen. Mit dem Gebäude im Rücken nimmt man den links beginnenden breiten

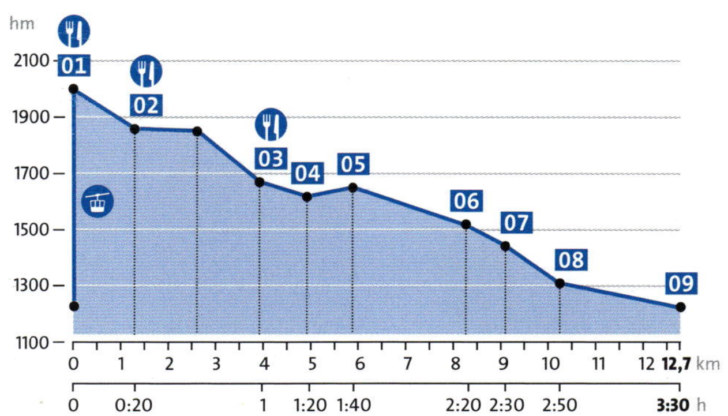

01 2005 m, Bergstation; 02 1858 m, Hotel Sonne; 03 1685 m, Hotel Brunelle/Saltria; 04 1626 m, Brücke Jenderbach; 05 1650 m, Abzweig Weg 30A; 06 1520 m, Parkplatz Jender; 07 1450 m, Fußweg nach St. Christina; 08 1320 m, Sabedinhof; 09 1230 m, Talstation der Umlaufbahn Seiser Alm

Fahrweg 9, der in einer lang gezogenen Spitzkehre bergab zur Schgaguler Schwaige und zum **Hotel Sonne** 02 führt. Südlich der Hotelterrasse wandert man in eine Senke, quert den Fischerbach auf einer Holzbrücke und steigt dann auf der anderen Talseite wieder auf die alte Höhe zurück. Eine Zeitlang läuft man nun genussvoll zwischen den Wiesen Richtung Süden, immer mit weitem Blick Richtung Schlern, Lang- und Plattkofel. Auf den Wiesen stehen malerisch verteilt urige Heuschober, vereinzelte Lärchen sorgen für schöne Akzente. Ein Schild weist darauf hin, dass der Paluch Col da Fil ein geschütztes Feuchtgebiet ist. Nach einem Weidetor geht es über Wiesen, kurz durch den Wald, dann auf einem Wiesenrücken parallel zu einem kleinen Wiesentälchen und allmählich hinunter in die Saltria-Senke.

Durch das Jendertal nach St. Ulrich: Am **Hotel Brunelle** 03 vorbei folgt man der Beschilderung Jendertal/St. Ulrich und biegt an der Straße links ab. Vorbei an einem Bauernhaus, Stallgebäuden und dem Klärwerk von Saltria ist bald eine **Brücke** 04 erreicht. Der Weg 18 ins waldreiche Tal führt über den Bach, zunächst talwärts am Wasser entlang, dann kurz steil bergauf vom Bach weg. Dort, wo rechts der **Weg 30A** 05 Richtung Monte Pana abzweigt, geht es bergab. Nach ein paar Kehren ist man wieder am Jenderbach. Immer der Beschilderung nach St. Ulrich folgend passiert man eindrucksvolle haushohe Felsen, die von einem gewaltigen Felssturz zeugen. Hinter den Felsen wird ein weiteres

Blick Richtung Süden über die Seiser Alm

Blick Richtung Osten zu Langkofel und Plattkofel

Mal der Jenderbach gequert. Nun geht es weitgehend höhenparallel weiter, während der Jenderbach immer tiefer rechts des Weges in einer Schlucht fließt. Vorbei an zwei kleinen Blockfeldern und eindrucksvollen Einblicken in die Schlucht wird bald darauf der **Parkplatz Jender** 06 erreicht. Leider endet hier auch der Forstweg, bis St. Ulrich verläuft der Wanderweg auf der geteerten Fahrstraße. Links oberhalb der Straße stehen zwei schöne traditionelle Bauernhäuser.

Nach einer scharfen Kurve öffnet sich das Jendertal und man genießt einen ersten schönen Blick ins obere Grödental auf St. Christina, die Steviawände, das Val de Chedul und den Sellastock. Oberhalb der Häuser des Ortsteils Tlesura weist ein Schild den **Fußweg bergab nach St. Christina** 07, wo man mit dem Bus zurück nach St. Ulrich fahren könnte.

Wer zu Fuß weiterlaufen will, folgt der Teerstraße und den Wegweisern nach St. Ulrich (Weg 18). Nach einer Linksabzweigung führt der Weg am schönen **Sabedinhof** 08 vorbei an der linken Talseite entlang durch Wiesen und Wald Richtung St. Ulrich. Von links mündet mit Weg 19 ein weiterer Wanderweg von der Seiser Alm in den Talweg ein. Über die Promenade am Grödner Bach ist dann bald die **Talstation der Umlaufbahn** 09 erreicht.

Rif. Resciesa
2170
Raschötz
Chalet
2093
Cason Hütte
M.ga Cason
2111
Pene
1885
Feur
Maréufer
1786
Fumes
Costes
Paluates
1569
Carai
1565
Costamula
Costamula
Puent
Vico di Sopra
Oberwinkel
Coi
Urtijëi
St. Ulrich
in Gröden
Ortisei
Annatal
Val d'Anna
Pincan
Pauli
St. Anna
Emozion Col de Flam
Balest
1823
Sëurasa
2176
2149
Crujeta
Junerëi
Col de Flam
Stufan
Pecei
09
Mus. Gherdëina
36
St. Jakob
S. Giacomo
Sacun
Peza
1597
Lech de Lagustel
Fumé
Sureghes
Ronc
Pescosta
242
Festi
La Vila
Puntea
Minert
Pilat
1525
Plan
1309
Trebe
Coi
Plajes
Ulëta
1652
Bierun
Sabedin
08
Rio Gardena
Pedroc
Puciacia
1331
36
Biel
Mont Sëuc
2005
01
2006
1841
M. Pedroc
1837
Seniam
1638
07
St. Christina
S. Cristina
S. Crestina
Mountain Lodge
02
Schgaguler Schwaige
Sonne Sole
1858
Ciajëa de Crëpa
Hartl Schwaige
Jender
1520
Cendevaves
1907
06
1645
Col dal Leuf
Wolfsbühel
Biotop
Puent de Piera
1902
Col dal Fil
Malga dei Masi
Hofer Schwaige
1839
Troier
1755
Rauchhütte
05
Zemmer
Senne
36
Brunelle
03
04
Saltria
Radauer
Schwaige
Saltria
Sautaria
Saltner Schwaige
1728
Stieralm
1780
Floralpina
0 500 m
Ciandsuel
1989
Piz da Uridl
2101
Hotel

TIERSER ALPL HÜTTE • 2440 m

Hüttenzustieg über die Seiser Alm

10,3 km | 3:20 h | 682 hm | 241 hm | 59 076

START | Bergstation Umlaufbahn Seiser Alm, St. Ulrich [GPS: UTM Zone 32 x: 344.015 m y: 5.274.244 m]
CHARAKTER | Einfache Wanderung, im Schlussanstieg zur Rosszahnscharte steil und am oberen Ende felsig.

Wer an der Bergstation der Umlaufbahn am Mont Sëuc aussteigt, überblickt nicht nur die gesamte Seiser Alm, sondern auch den Wanderweg zur Tierser Alpl Hütte. Beim Blick nach Süden scheinen die Rosszähne, hinter denen sich die Hütte versteckt, noch sehr weit entfernt. Da die Hochalm bewirtschaftet wird, bleibt es leider nicht aus, dass man immer wieder abschnittsweise auf geteerten Straßen läuft. Auf Hinweisschildern bitten die Bauern eindringlich darum, nicht neben den Straßen auf den Wiesen zu laufen.

▶ **Von der Bergstation zur Rosszahnscharte:** Die Wanderung beginnt westlich der **Bergstation 01**, wo ein Schild (Weg 6A) zur Contrin-Schwaige weist. Ein breiter, leicht abfallender Wiesenweg führt an der Schwaige vorbei zur Einmündung in den asphaltierten Fahrweg (Weg 6), dem man nach Süden Richtung Hotel Icaro und Ritsch-Schwaige folgt. Nach rund 15 Min.

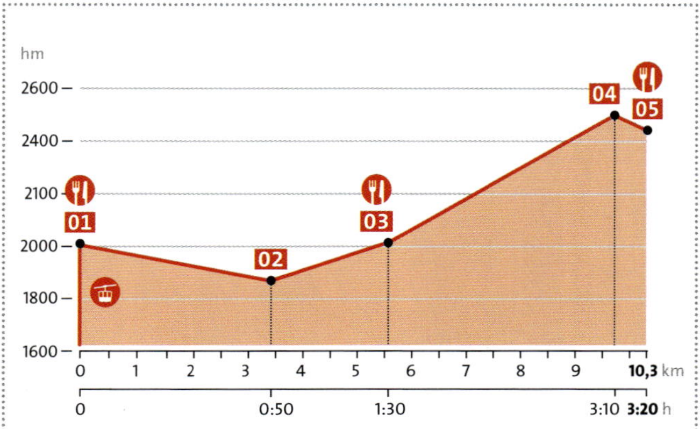

01 2005 m, Bergstation; 02 1870 m, Ritsch-Schwaige; 03 2009 m, Bergstation Panorama; 04 2490 m, Rosszahnscharte; 05 2440 m, Tierser Alpl Hütte

St. Ulrich
in Gröden
Ortisei
Urtijëi
Panider Sattel
Passo Pinéi
1443
Panider
1515
242
Oberwinkel
Vicö di Sopra
Außerwinkel
Juaut
La Plates
Socrëp
Scioler
Junerëi
Pecei
St. Anna
S. Ana
Pincan
Pauli
Col de Flam
Stufan
Mus. Gröden
Rainell
Scherlin
Albion
Rabis
Costa
Toler
Runggaditsch
Roncadizza
La Cheurt
Joce
Passberg
Passua
Tlesura
Fumè
Sureghes
Ronc
Flinch
Piciuel
Spizsëch
Furceles
1975
Cebla
Pufels
Bulla
Bula
Piz Culac
1704
Minert
Pescosta
Plan
1309
Pilat
1525
Biejun
Trebe
Fillner Kreuz
Plan
Crasa
Vedles
1475
Pedemont
Mulins da Bula
Col da la Dodesc
2109
Mont Seuc
2005
2006
01
Pedroc
1841
1837
Mezdi
1886
Sonne
Sole
1858
Contrin
Engel-
rast
2119
Puflatsch
2119
Monte Icaro
1939
Sanon
1907
Col dal Leuf
Wolfsbühel
Bocia de Mont
Monte Piz
1778
1910
Icaro
1794
Heisspock Schw.
Alpi
Plaza
Zentral
1902
Col dal Fil
Großes Moos
Gran Paluch
Kleines Moos
Pitl Paluch
Malga dei Masi
Hofer Schwaige
1839
Troier
1755
Steger Dellai
1900
Ritsch-Schwaige
02
Rauchhütte
Santner
Tuana
Schwaige
Gostner
Schwaige
Santner
Mignon-
Sabina
Zemmer
Senne
Ciaforn
Brunelle
Saltria
Radauer
Schwaige
03
Panorama
2009
1809
Römeralm
Saltria
Sautaria
Saltner Schwaige
1728
Lanzin
Stieralm
1780
Ladinser Moos
Paluch di Ladins
Laurinhütte
2005
Laranz
Schwaige
Floralpina
Paradiso
Ciandsue
1989
Almgasthof
Tirler
1741
Goldknopf
Punta d'Oro
Totschen
Feger
Karlot
1997
Grünserbühl
Col dal Spiedl
2177
Mahlknecht
Sattel Schwaige
2056
Almrosenhütte
Baita Rosa Alpina
2004
Sattler
Schwaige
Williamshütte
2100
Peterlunger
Schwaige
2033
2206
2249
Goldknopf
Punta d' Oro
Sorg. Solforosa
Schwefelquelle
Zallinger
2034
Tanezza
Funtanacia
Alpe del
Comun
Radell
Mahlknecht Hütte
Rif. Molignon
2054
2140
Wiedner Woadn
Stampfalm
1997
Tomaseth
1998
Christ Schwaige
2096
2463
04
Rosszahnscharte
2490
Palatsch
Palacia
2351
Sala Palacia
2203
Roterdspitz
C. di Terrarossa
2655
Gr. Rosszahn
2653
05
Tierser Alpljoch
P.so Alpe di Tires
2168
Cresta di Siusi
2247
2375
Gugglochegg
Tierser Alpl Hütte
Rif. Alpe di Tires
2440
Mahlknechtjoch
P.so de Duron
2288
2684
Col de L'Agnel
M. Spiz
Hühnerstand
2394
Molignonpass
Pas de Molignon
2598
2293
Grasleiten Spitzen
2675
Molignon di Fuori
2779
M.ga
Docoldaura
2046
Sorg.
Enghela
Ciamp de
Grevena
Maso
Soriča Alpe
0
625 m
37

Tierser Alpl Hütte unter den Wänden der Roterdspitz

und einigen Kehren mündet die Fahrstraße in eine weitere asphaltierte Straße (Weg 3) ein, die von Kompatsch kommend zur Ritsch-Schwaige leitet. Beim **Gasthaus** 02 folgt man nun dem Wegweiser zum Schlernhaus (Weg 6), der Weg beginnt rechts vom Gebäude.

Nun geht es wieder über Wiesenwege leicht bergauf Richtung Süden, immer im Bann des Schlern mit seinen markanten fotogenen Türmen. Unterhalb der auf einer Kuppe liegenden Bergstation Panorama mündet der Feldweg in eine Teerstraße (Weg 7) ein, die zum Hotel Goldknopf führt. An der Kreuzung ist auch erstmals die Tierser Alpl Hütte ausgeschildert. Auf diesem Weg 2 wandert man nun zur **Bergstation Panorama** 03, von der aus man erneut einen herrlichen Blick auf die Langkofelgruppe und den Schlern genießt. Vorbei an der Bergstation geht es über Berg- und Feuchtwiesen bis zum linker Hand liegenden Goldknopf leicht bergan, dann höhenparallel zum Beginn der Schutthalden. Die markanten Felsen der Rosszähne vor Augen, führt der Weg nun auf der Nordseite des Kars diese Schutthalden in mehreren gut ausgebauten Kehren hinauf. Kurz unterhalb der Scharte befindet sich eine kurze, aber unproblematische Felspassage.

Abstieg zur Tierser Alpl Hütte: Direkt auf der **Rosszahnscharte** 04 lädt eine urige, aus alten Bäumen zusammengezimmerte Bank zur Rast ein – mit schönem Blick auf die Schneid und den Molignonkamm. Der Abstieg zur Hütte erfolgt über einen Weg, der unterhalb der südseitigen Felsabbrüche mit Blick auf die nördlichen Ausläufer des Rosengartens zur **Tierser Alpl Hütte** 05 führt, die 1963 eröffnet wurde.

Wer nicht auf der Schutzhütte, dem „Tor zum Rosengarten“, übernachten will, kann auf gleichem Weg zur **Bergstation der Umlaufbahn** 01 zurückkehren (2:40 h).

ZUM BERGHAUS ZALLINGER UND DER PLATTKOFELHÜTTE

Wanderung am Ostrand der Seiser Alm

8,2 km | 2:50 h | 720 hm | 45 hm | 59 076

START | Wanderparkplatz Monte Pana
[GPS: UTM Zone 32 x: 708.234 m y: 5.158.912 m]
CHARAKTER | Gemütliche Almwanderung, die nur im Schlussanstieg zur Plattkofelhütte steiler ist.

Die Wanderung im Osten der Seiser Alm ist ein schöner Zustieg zur Plattkofelhütte.

▶ Gestartet wird am **Wanderparkplatz Monte Pana** 01, wo man am Langlaufzentrum vorbei durch den Wald den Wegweisern Nr. 30 Richtung Saltria folgt. Nach etwa 1 Stunde ist eine Weggabelung mit Bushaltestelle erreicht. Weg 30 führt von hier geradeaus in 40 Minuten in die Saltria-Senke, zum Berghaus Zallinger nimmt man aber **Weg 531** 02.

Mit schönem Blick auf Saltria, den tiefsten Punkt der Seiser Alm, steigt man allmählich durch Almwiesen bergauf. Eindrucksvoll erhebt sich links der Plattkofel vor dem Wanderer, vom Weg ist die schräge Südwestseite des Berges besonders eindrucksvoll

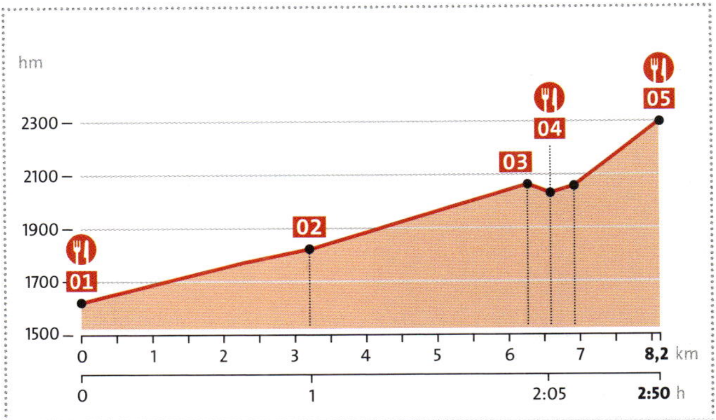

01 1630 m, Wanderparkplatz Monte Pana; 02 1817 m, Abzweig Weg 531; 03 2060 m, Wegkreuz zum Sattel; 04 2034 m, Berghaus Zallinger; 05 2300 m, Plattkofelhütte

Frühmorgendlicher Blick von der Plattkofelhütte zum Schlern

zu sehen. Kurz geht es nochmals durch ein kleines Waldstück, dann weiter über Almwiesen. Der Weg führt vorbei an einigen Heustadeln und Holzhütten durch buckliges Weideland. Das erste Ziel, das Berghaus Zallinger, ist jedoch nicht zu sehen, da es versteckt hinter einem kleinen Bergrücken liegt. Kurz bevor dieser erreicht ist, zweigt links Weg 531A zum Panoramaweg 527 ab. Auf dem Fahrweg geht es hinauf zum **Wegkreuz am Sattel** 03, auf dem zahlreiche Schilder in alle Himmelsrichtungen weisen, zum **Berghaus Zallinger** 04 sind es jetzt nur noch 5 Minuten. Die kleine Kirche wurde 1857 von Karl von Zallinger-Stillendorf aus Bozen in schlichtem neugotischem Stil erbaut und 1858 eingeweiht. 2007 erfolgte eine umfangreiche Renovierung.

Unterwegs zum Zallinger

Nach der Einkehr geht es zurück zum **Wegkreuz am Sattel** 03 und nach rechts auf dem Fahrweg (Weg 9) durch ein hohes Tor zur **Plattkofelhütte** 05, die nach einem steilen Anstieg erreicht wird. Wer früh ankommt, kann noch den Plattkofel besteigen (siehe Tour 29).

Rückweg: Tagesbesucher können auf dem Hinweg zurück zum Ausgangspunkt wandern (etwa 2 h) oder Richtung Langkofelhütte weiterlaufen und über den Santner Weg zum **Parkplatz** 01 zurückkehren (2:30 h).

Plan dala Tambres
Pescosta
Festl
242
Minert
La Vila
Puntea
Runcaudie
Insom
Pramulin
Pilat 1525
Plan 1309
Trebe
Col
Praulëta
Plajes
Valternea
Fussel
Sabedin
Ulëta
1652
Plesdinaz
Bierjun
Rio Gardena
Pedroc
Puciacia 1331
Biel
Gardena Ronda Express
1841
M. Pedroc
Seniam 1638
1837
Ciajea de Crëpa
Hartl Schwaige
St. Christina i. Gröden
S. Cristina Val Gardena
S. Crestina Gherdeina
Fischburg
Cast. Gardena
Ruacia
Culac
Prënsa 1555
Ciaslat
1907
Jender 1520
Cendevaves
38
01
Monte Pana
1636
1645
Col Marisana
Col dal Leuf
Wolfsbühel
Puent de Piera
Malga dei Masi
Hofer Schwaige
1839
Troier 1755
2025
Mont de Sëura
Piz Ciaulonch
Col de Mesdi
2114
02
Ciaulonch-Sattel
For. Ciaulonch
Stieralm 1780
2836
3173
3096
Il Gran Campanile
Langkofelhütte
Rif. Vicenza
Ciandsuel 1989
Piz da Uridl
2101
2256
2688
3018
Karlot 1997
Plattkofelturm
Torri del Sassopiatto
2860
Langkofelkarsp.
Piza de Dantersasc
2821
Toni Demetz-H
2954
2853
2958
Williamshütte 2100
Zallinger
03
Murmeltierhütte
2132
Innerkoflerturm
Sas da Mesdi
Alpe del Comun
04
2054
Sassegg
Plattkofel
Sasso Piatto
Sasplat
Zahnkofel
Il Dente
3000
3081
Grohmann
Sasso Lev
2859
Stampfalm 1997
05
Rif. Sasso Piatto
Plattkofelhütte
2300
Christ Schwaige 2096
M.ga del Sasso Piatto
Jëuf de Fascia
Fassa Joch
2300
Palatsch
Palacia
2351
2203
2274
Rif. Sandro Pertini
2300
0 500 m
Maso Stefin
Soriča Alpe
Malga Miravalle
2104
B.ta L. Brach

GRATSCHENBERGRUNDE

Zu den Jochhöfen am Gratschenberg

6,8 km | 2:35 h | 431 hm | 431 hm | 59 672

START | Parkplatz am Ortseingang von Teis, Bushaltestelle [GPS: UTM Zone 32 x: 700.730 m y: 5.169.809 m]
CHARAKTER | Meist durch Wald führender schattiger Weg. Der Aufstieg zu den Jochhöfen ist sehr steil, der Abstieg über weite Strecken ebenfalls.

Der Ort Teis am Eingang des Villnößtals ist vor allem für die hier zu findenden Teiser Kugeln – Drusen, in denen man bis zu sieben verschiedene Mineralien finden kann – und das Mineralienmuseum bekannt. Die vorgestellte Wanderung führt über weite Strecken durch den Wald des Gratschenbergs hinauf zu den fast auf Kammhöhe gelegenen Jochhöfen, eine Ansammlung von mehreren Bauernhöfen. Nach dem anstrengenden Aufstieg bietet sich von der Terrasse der Jausenstation Moar eine herrliche Aussicht.

Am Ortseingang von **Teis** befindet sich neben der Bushaltestelle ein öffentlicher **Parkplatz** 01. Wir folgen von dort der Straße in den Ort hinein und stoßen sogleich auf den Gasthof Stern. Hier halten wir uns rechts und folgen der Beschilderung Richtung St. Valentin (Weg 11). Die Fahrstraße führt hinauf zur Kirche. Vor dieser **zweigt Weg 30A** 02 nach links zu den Jochhöfen ab (unser Rückweg). Wir bleiben also auf Weg 11 und laufen an der rechts liegenden Kirche vorbei und folgen der Straße bergauf zum Ortsende, vorbei an der Grundschule

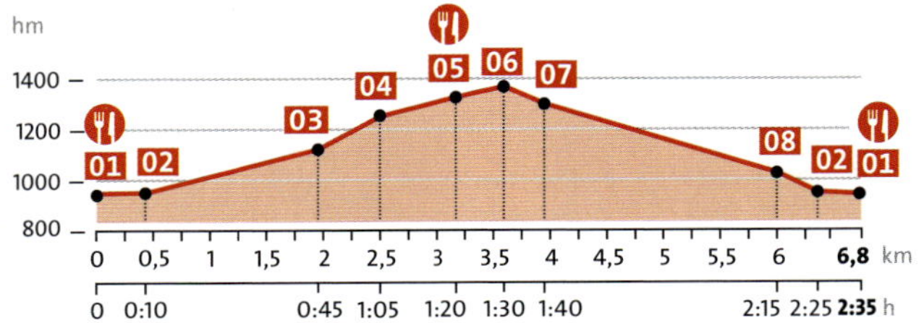

01 940 m, Parkplatz Ortseingang Teis; 02 961 m, Abzweig Weg 30A; 03 1123 m; Weggabelung Weg 12; 04 1260 m, Waldrand/Bank; 05 1333 m, Jausenstation Moar/Jochhöfe; 06 1357 m, Weggabelung beim Marterl; 07 1303 m, Beginn des Forstwegs; 08 1028 m, Aussichtspunkt

und mehreren Wohnhäusern. Der Wanderweg ist gut markiert und gleichzeitig ein Botanischer Lehrpfad mit Infotäfelchen zu heimischen Heckenpflanzen und Bäumen. Die Teerstraße endet beim letzten Haus und geht in einen Wirtschaftsweg über.

Diesem folgen wir bergauf in den Wald und erreichen die Örtlichkeit Lahne (1000 m). Wir genießen noch einmal den Blick zurück auf das hinter und unter uns liegende Teis und folgen weiterhin dem Wegweiser 11 Richtung St. Valentin. Der Pfad wird zunehmend steiler, verwurzelter und steiniger und zieht sich teilweise hohlwegartig bergauf.

Schließlich erreichen wir eine **Weggabelung** 03, an der wir nach links auf den Wanderweg 12 Richtung Jochhöfe abzweigen. Wir verlassen den Hochwald und kommen in einen lichteren Bergwald mit Blick auf die Geislerspitzen. Vorbei an einer weiteren Weggablung mit der Möglichkeit, über Weg 12A nach St. Valentin abzusteigen, geht es nach wie vor steil bergauf, bis schließlich der **Waldrand** 04 und eine Aussichtsbank erreicht werden. Vor uns sehen wir den Verlauf des weiteren Wegs, der über die Bergwiesen zu den Jochhöfen führt. Wir genießen den Blick auf die Geislerspitzen und halten uns vor der eindrucksvollen Scheune des Zinner Hofs links und laufen am Zinner Hof vorbei zu einer Wegkreuzung. Hier biegen wir wieder nach links Richtung Wolfsgrube (Weg 30) ab und erreichen kurz darauf die **Jausenstation Moar** 05.

Nach verdienter Pause folgen wir dem Weg weiter bergauf, kommen an einem Bienenhaus vorbei und erreichen schließlich erneut eine Weggabelung, an der wir uns nach

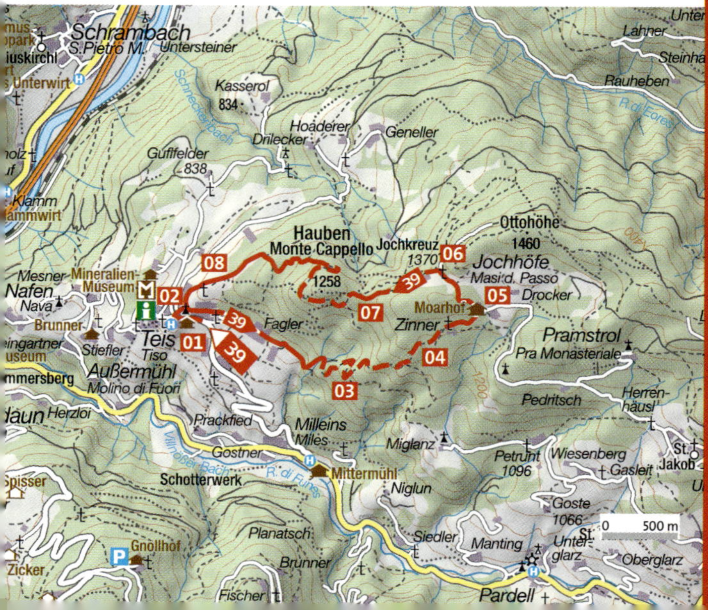

Fantastischer Blick nach Norden ins Eisacktal und auf den Hauptkamm

links orientieren. Wir laufen nun entlang von Wiesen und genießen den Blick nach Westen zur gegenüberliegenden Seite des Eisacktals.

An der nächsten **Weggabelung** 06 mit Bank und Marterl folgen wir dem Wegweiser 30A Richtung Teis – laut Schild sind es noch 50 Min. zum Ort. Achtung: Vom Karrenweg biegt kurz darauf Weg 30A scharf nach links talwärts ab.

Der Abstiegsweg durch den Wald ist ähnlich anstrengend wie der Aufstiegsweg, denn es geht zunächst auf einem schmalen Waldpfad steil bergab. Umso mehr freut man sich über den Beginn eines deutlich angenehmer zu laufenden **Forstweges** 07, der zunächst weiter Richtung Westen verläuft, dann aber einen weiten Rechtsbogen nach Osten macht. In einer markanten Kehre geht es dann aber wieder weiter nach Westen. Wir erreichen eine Weggabelung, an der nach links Weg 1A nach Teis abzweigt, diesen ignorieren wir.

Wir bleiben stattdessen weiterhin auf unserem Weg 30A, ignorieren auch einen nach rechts abzweigenden Wanderweg (Nr. 7), passieren einige Stadel und können bald darauf über einen Zaun hinweg an einem **Aussichtspunkt** 08 einen herrlichen Blick Richtung Brixen und auf den Alpenhauptkamm sowie die gegenüberliegende Talseite genießen. Kurz vor Erreichen der Ortschaft finden sich wieder Täfelchen des botanischen Lehrpfads. Die Wanderung mündet schließlich bei der **Wegkreuzung** 02 gegenüber der Kirche wieder in den Hinweg ein. Wir halten uns rechts, können im Gasthof Stern einkehren und erreichen schnell wieder den **Parkplatz** 01 am Ortseingang.

ST. JAKOB

Auf der Sonnenseite des Villnößtals

5 km | 1:30 h | 205 hm | 205 hm | 59 672

START | St. Peter, Parkplatz am Ortseingang, Bushaltestelle [GPS: UTM Zone 32 x: 705.277 m y: 5.168.824 m]
CHARAKTER | Einfache Wanderung zumeist auf Teerstraßen.

Die Sonnenseite des Villnößtals ist eine alte Kulturlandschaft, die von steilen Wiesenhängen und schmucken, traditionellen Bauernhäusern geprägt wird. Diese kleine Wanderung führt zu zwei schönen alten Kirchen und bietet unterwegs immer wieder herrliche Blicke zu den Geislerspitzen und dem Tulln-Gipfel sowie zum Talende am Kreuzjoch. Sprichwörtlicher Höhepunkt ist die kleine Kirche St. Jakob auf einer Wiesenkuppe im Weiler St. Jakob. Da beide Kirchen nur selten geöffnet haben, sollte man sich vorab in der Touristeninformation über die Zeiten erkundigen.

▶ Am Ortseingang von **St. Peter** befindet sich ein öffentlicher **Parkplatz** 01. Wir befinden uns auf dem Peterweg und laufen auf diesem bergauf in den Ort hinein, am Restaurant Viel Nois (linkerhand) vorbei und geradeaus auf das Gemeindeamt mit der Touristeninformation zu. Vor dem Gemeindeamt halten wir uns links (wir sind immer noch am Peterweg) und laufen zwischen den Gebäuden des Hotels Kabis hindurch zu einer **Wegkreuzung** 02 beim Kabishof. Hier finden wir einen Wegweiser zur Kirche St. Valentin im Ortsteil St. Valentin.

Auf der Teerstraße (Wanderweg 11) wandern wir nun auf dem Valentinweg nach Westen, vorbei an gepflegten alten und neuen

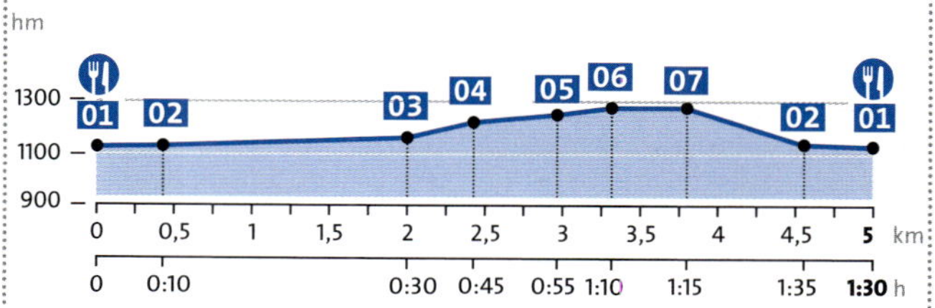

01 1125 m, Parkplätze in St. Peter; 02 1136 m, Wegkreuzung; 03 1161 m, St. Valentin; 04 1221 m, Wegkreuzung; 05 1251 m, Bergbauernhof; 06 1280 m, St. Jakob; 07 1279 m, Straßenkreuzung

St. Valentin

Wohnhäusern und können einen Blick in die schönen Bauerngärten werfen. Immer wieder lohnt sich auch der Blick zurück auf den Ort und die herrliche Bergwelt am Talschluss. Nach den letzten Häusern ist es nur noch ein kurzes Stück, bis vor uns die **Kirche St. Valentin** **03** beim Valtiner Hof auftaucht. Leider hat die Kirche nur selten geöffnet (2021: Do 16–18 Uhr). Der Wanderweg 11 verläuft zwischen Kirche und imposanter Scheune hindurch.

An der Weggabelung gleich danach verlassen wir den nach Teis führenden Weg 11 und folgen nun dem Wegweiser „Sunnseitnweg/ St. Jakob“ nach rechts. Der Weg führt links von einer Scheune in ein kleines Waldstück hinein und in einer Linkskehre steiler ansteigend bergauf zu einer Wiese. Beim **Wegweiser** **04** halten wir uns leicht rechts und wandern rechts von einer höheren Hecke am Wiesenrand entlang bergauf, durchqueren einen „grünen Tunnel“ und erreichen schließlich einen **Bergbauernhof** **05** in St. Jakob. Eindrucksvoll ist der Blick nach Westen ins Eisacktal und die Dörfer auf der Westseite des Tals.

Wir folgen der betonierten Hofzufahrt (steil) bergauf und schauen ein erstes Mal auf das Kirchlein St. Jakob, das rechts von uns auf einem kleinen Hügel erbaut wurde. Wir erreichen eine Fahrstraße, halten uns dort links (Wegweiser), gehen wenige Schritte bergauf und biegen dann den Wegweisern folgend nach rechts ab („Sunnseitnweg/ St. Jakob“). Zwischen den schönen Bauernhäusern hindurch erreichen wir schließlich ein Gatter, das uns nach rechts über die Wiese zur **Kirche St. Jakob** **06** führt. Grandios ist die Kulisse der Geislerspitzen hinter der schlichten, ursprünglich 1349 im romanischen Stil erbauten Kirche. Auch sie ist nur an zwei Tagen in der Woche geöffnet (2021: So 16–17.30 Uhr).

Nach dem Besuch der Kirche halten wir uns beim Gatter rechts und wandern zwischen Hofgebäuden und herrlichem Blick auf die Geislerspitzen am Oberpiskoihof vorbei Richtung St. Peter. Wir erreichen eine **Straßenkreuzung** **07**, an der wir uns nun nach rechts und an der nächsten Kreuzung nach links halten.

Wir folgen dem Josefweg (Wanderweg 30) relativ steil bergab, vorbei an unglaublich steilen Bergwiesen, dann durch Wald, vorbei am Kabishof und zur **Wegkreuzung** **02**. Von hier auf bekanntem Weg am Hotel Kabis und dem Gemeindeamt vorbei zurück zum **Parkplatz** **01**, im Ort gibt es mehrere Einkehrmöglichkeiten.

Die romanische Kirche St. Jakob vor der Kulisse der Geislerspitzen

FLITZER WASSERFALL

Durch die Lärchenwälder auf der Südseite des Tals

4,6 km | 1:50 h | 230 hm | 230 hm | 59 672

START | Parkmöglichkeit beim Planatsch-Hof (1140 m), von der Hauptstraße durchs Tal auf Höhe der Feuerwehr St. Peter in die Straße nach Flitz abbiegen, von dort ca. 1 km [GPS: UTM Zone 32 x: 704.630 m y: 5.168.072 m]
CHARAKTER | Bis zum Wasserfall einfache, gut markierte Waldwege, für den Rückweg über Weg 29 ist Trittsicherheit und etwas Schwindelfreiheit notwendig: Der Weg ist schmal und führt an einem steilen Hang entlang. Am Schluss für 1,3 km Teerstraße.

Auf dem Weg zum Flitzer Wasserfall genießt man einen schönen Ausblick auf die sogenannte Sunnseitn des Villnößtals und talauswärts auf das Eisacktal.

▶ Beim **Planatsch-Hof** 01 bieten sich beschränkte Parkmöglichkeiten. Wir folgen der Straße nach Oberflitz bergauf, bis wir auf einen **Wegweiser** 02 zum Wasserfall stoßen. Ein schmaler Waldpfad (Weg 29A) zweigt links ab und führt zunächst bergab und dann in leichtem Auf und Ab durch den Wald zu einer **Weggabelung** 03 am Waldrand. Von hier genießt man den Blick auf die Höfe von Plan und zur gegenüberliegenden Talseite mit den Kirchen St. Valentin und St. Jakob westlich von St. Peter (siehe Tour 40).

Wir folgen den Wegweisern Richtung Wasserfall am Waldrand entlang, genießen den Blick westwärts ins Eisacktal und tauchen schließlich in einer Linkskurve wieder in den Wald ein. Wir folgen der breiten Forststraße zu ihrem Ende (Wendeplatz), wo wir links einen Trampelpfad sehen. Wenige Minu-

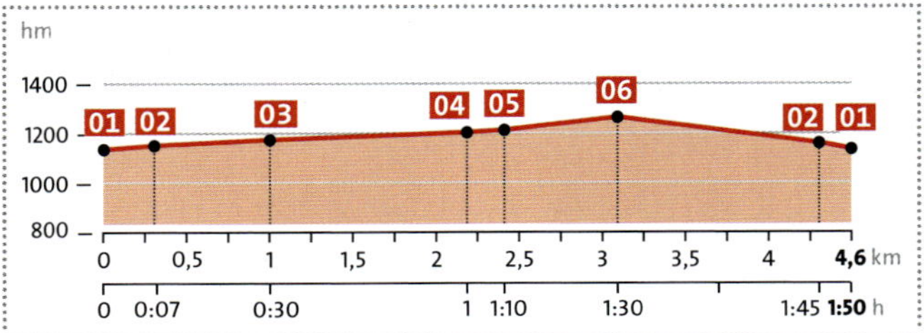

01 1140 m, Planatsch-Hof; 02 1158 m, Wegweiser Wasserfallweg; 03 1079 m; Weggabelung am Waldrand; 04 1189 m, Bank bei Wasserfall; 05 1213 m, Weg 29 nach St. Peter; 06 1259 m, Fahrstraße

Wegpunkt 03 – Blick talauswärts auf die Höfe von Plan

ten später erreichen wir eine Weggabelung. Nun sind es nur noch 5 Minuten entlang einer eindrucksvollen Felswand zur **Bank** **04** mit Blick auf den nur durch Bäume hindurchschimmernden Wasserfall.

Nach verdienter Rast gehen wir zum Beginn der Felswand zurück und nehmen links einen Pfad bergauf zu einem weiteren Wegweiser. Hier wandern wir kurz auf einem breiten Weg Richtung Bad Froi (Weg 29), bis links **Weg 29 nach St. Peter** **05** abzweigt. Dieser Pfad ist nur maximal einen halben Meter breit und verläuft entlang eines steilen Hangs. Wer nicht schwindelfrei und trittsicher ist, sollte vom Wasserfall auf dem Hinweg zurück zum Ausgangspunkt laufen. Für alle anderen geht es auf dem Waldpfad weiter, bis dieser rechts hinauf und an einer Bank vorbei zur **Fahrstraße** **06** nach Oberflitz leitet.

Auf der Teerstraße wandern wir nun talwärts, vorbei am **Wegweiser zum Wasserfall** **02** und zurück zum **Planatsch-Hof** **01**.

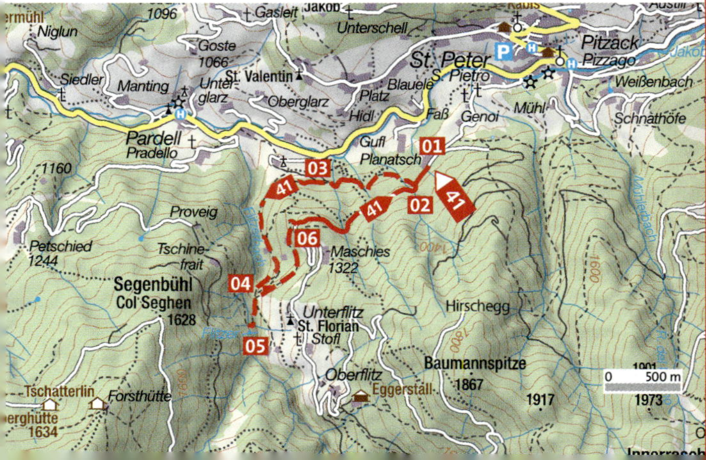

FLITZER SCHARTE • 2107 m

Wanderung auf die Grödner Seite

6,8 km · 3:00 h · 760 hm ↗ · 760 hm ↘ · 59 672

START | Parkplatz in Oberflitz (1403 m); nur wenige Stellplätze [GPS: UTM Zone 32 x: 703.940 m y: 5.166.378 m]
CHARAKTER | Überwiegend Forst- und Waldwege, im oberen Drittel Bergpfade.

Kurz und unschwer ist der Aufstieg zur Flitzer Scharte, der unweit des höchsten Berghofs von Oberflitz durch schönen Bergwald hinauf zum Grödner Höhenweg führt. Von dort bieten sich gleich zwei Hütten für eine Einkehr an, beide liegen jeweils eine Gehstunde von der Scharte entfernt. Ausdauernden sei die Runde über die Außerraschötz und den Tschatterlin-Sattel empfohlen.

▶ Wir beginnen die Wanderung am kleinen **Wanderparkplatz** 01 (Stellplatz für 3 bis 4 Autos) in Oberflitz. Hier informiert eine Infotafel über die eisenhaltige Mineralquelle Bad Flitz, die auf Weg 31A in einer halben Stunde erreichbar ist.

Wir halten uns auf der Fahrstraße bergwärts, laufen am letzten Haus von Oberflitz vorbei und erreichen nach einer Kehre an einem Fahrverbotsschild den Abzweig unseres Wanderwegs Nr. 31. Wir halten uns links, kommen an einer Bank vorbei und zweigen nach einer Wasserfassung nach links in den Wald ab. Der Weg ist generell sehr gut markiert, nur hier zu Beginn müssen wir einmal aufpassen: Rechts des Weges finden sich drei rot-weiß-rote Markierungen an Bäumen, bei denen ein Trampelpfad nach rechts

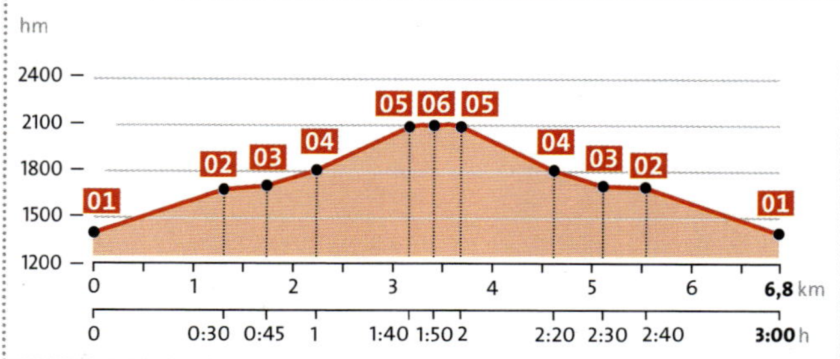

01 1403 m, Wanderparkplatz Oberflitz; 02 1686 m, Ende des steilen Anstiegs; 03 1734 m, Fahrstraße; 04 1837 m, Ende der Fahrstraße; 05 2083 m, Neuer Weg zur Scharte; 06 2107 m, Flitzer Scharte

Massiv ist die Erosion auf der Villnößer Seite der Flitzer Scharte

abzweigt. Diesen ignorieren wir und steigen stattdessen über die steinige breite Rinne vor uns steil bergauf. Für rund 30 Minuten geht es ziemlich steil aufwärts, teilweise ist der Weg ausgewaschen. Nach einer Felsstufe ist das **Ende des steilen Anstiegs 02** erreicht.

Nun geht es moderater ansteigend weiter auf einem breiten Waldpfad hinauf, wir kreuzen einmal die

Forststraße, steigen weiter an und stoßen erneut auf die Forststraße 03. Dieser folgen wir nun in angenehmer Steigung, ignorieren eine Abzweigung nach links und erreichen schließlich einen **Wendeplatz mit Bank** 04. Kurz folgen wir noch einem Karrenweg, genießen den freien Blick auf die Außerraschötz und ins Villnößtal und tauchen dann erneut in den Wald ein. Fast mystisch ist dieser mit seinen moosbewachsenen Felsen, den bizarren, von Erde freigelegten Wurzeln. Auf angenehmen, nicht zu steilen Pfaden geht es hinauf und durch den herrlichen Zirbenwald bis kurz unterhalb der Scharte. Hier stehen wir unvermittelt vor mächtigen **Schutthängen** 05. Hier biegt der Weg nach links ab und verläuft oberhalb der Hänge nochmals ein paar Meter ansteigend. Wir passieren ein Gatter und erreichen sogleich den Grödner Höhenweg, links markieren ein Kreuz und eine kunstvoll geschnitzte Bank die **Flitzer Scharte** 06.

Zurück geht es auf gleichem Weg. Da die Wege bis auf das untere Drittel ein angenehmes Gefälle haben, ist man schnell wieder am **Ausgangspunkt** 01.

Da der Aufstieg nicht viel länger als 2 Stunden dauert, empfiehlt sich die Einkehr in einer der zwei Schutzhütten am Grödner Höhenweg, beide liegen jeweils etwa eine Gehstunde von der Scharte entfernt. Richtung Osten führt uns der Grödner Höhenweg ohne großen Höhenunterschied zur Brogleshütte (2045 m). Noch aussichtsreicher liegt die Raschötzhütte (2170 m) im Westen, die wir ebenfalls über den Grödner Höhenweg auf den Wegen 31 und 35 erreichen. Von der Terrasse überschauen wir die Seiser Alm, Platt- und Langkofel und im Osten den mächtigen Sellastock.

Variante: Rundweg über die Außerraschötz

Wer den Ausflug ins Grödental zu einer ganztätigen Wanderung ausdehnen will, folgt von der **Flitzer Scharte** 06 dem Grödner Höhenweg 31 und 10 zur Außerraschötz (2281 m) mit eindrucksvollem Kreuz. Von dort steigt man zur Heiligkreuzkapelle (2198 m) und über Weg Nr. 35 zum Tschatterlin-Sattel (1970 m) ab. Wanderweg 7 leitet zur Tschatterlin-Hütte (1820 m) hinunter, hinter der der Wanderweg 31A durch den Wald zurück zum **Parkplatz** 01 führt.

BROGLESHÜTTE • 2045 m

Am Fuß der Geislerspitzen

9,2 km | 3:00 h | 650 hm | 650 hm | 59 672

START | (gebührenpflichtiger) Parkplatz bei der Waldschenke (1382 m) [GPS: UTM Zone 32 x: 708.846 m y: 5.168.110 m]
CHARAKTER | Bis auf den Schlussanstieg durchwegs im Wald auf breiten Forstwegen und steinigen Waldpfaden.

Die Brogleshütte inmitten der Weiden der Broglesalm hat eine einzigartige Lage zu Füßen der imponierenden Wände der Geislerspitzen. Gleich beim Haus beginnt der kehrenreiche Aufstieg zur Panascharte, dem alpinen Übergang ins Grödental. Die Hütte ist ein viel besuchtes Ausflugsziel von Wanderern, die über den Grödner Höhenweg von der Raschötz-Standseilbahn zur Hütte wandern. Von dort kann man über den Adolf-Munkel-Weg (Tour 45) zur Zanser Alm absteigen und entweder zu Fuß zur Waldschenke zurücklaufen oder mit dem Bus nach Ranui fahren.

Am kostenpflichtigen **Parkplatz Waldschenke** 01 finden sich am Waldrand erste Hinweise zur Broglesalm/Brogleshütte (Weg 28). Auf einem breiten Forstweg wandern wir allmählich ansteigend geradeaus (eine Abzweigung nach rechts ignorieren wir) zu einer **Weggabelung** 02, bei der nach links Weg 33 zur Zanser Alm abzweigt. Wir bleiben auf Weg 28 und wandern links vom Klieferbach durch das Broglestal Richtung Süden und genießen immer wieder den Blick auf die Wände der Kleinen Fermada. Auch an der folgenden Weggabelung, an der Weg 34 zur Dusler Alm und Zanser Alm ab-

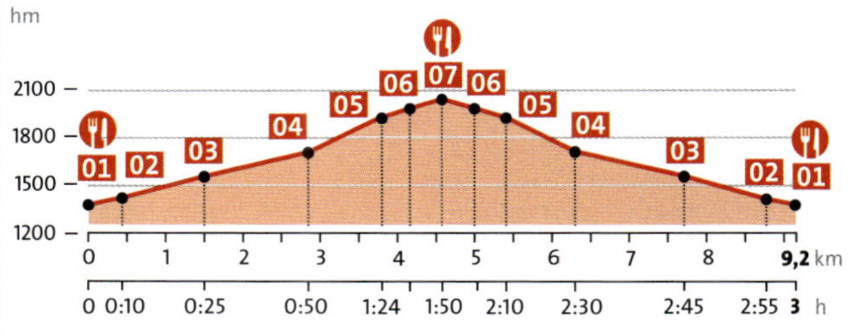

01 1382 m, Parkplatz Waldschenke; 02 1417 m, Weggabelung;
03 1550 m, Brücke; 04 1720 m, Wendeplatz; 05 1925 m, Wasserfall;
06 1980 m, Adolf-Munkel-Weg; 07 2045 m, Brogleshütte

zweigt, bleiben wir geradeaus. Schließlich erreichen wir eine **Brücke** 03.

Hier halten wir uns rechts, queren den Bach und folgen weiterhin dem Fahrweg bergwärts, in der ersten Kehre halten wir uns allerdings links. Einen kleinen, breit über den Weg fließenden Zufluss des Klieferbaches queren wir mittels einer kleinen Brücke und erreichen wenige Minuten später einen **Wendeplatz** 04, an dem der Fahrweg endet. Wir sind nun knapp eine Stunde unterwegs und haben noch einmal die gleiche Gehzeit vor uns.

Nun beginnt der steile, teils auch steinige Pfad durch den Bergwald hinauf, vor uns immer wieder einmal die imposanten Fermedatürme. Wir passieren eine weitere Weggabelung, an der links Weg 29 zur Geisleralm und Mittagsscharte abzweigt, und nähern uns der Waldgrenze. Rechts von uns stürzt sich der Klieferbach als kleiner **Wasserfall** 05 über eine Geländestufe.

Das Gelände wird offener und wir wandern nun über felsige Bergwiesen hinauf zu einer weiteren Weggabelung, wo wir auf den von links einmündenden **Adolf-Munkel-Weg** 06 treffen. Ein Schild informiert, dass wir nun den Naturpark Puez-Geisler betreten. Wir halten uns rechts Richtung Broglesalm und wandern durch lichtes Gelände zwischen Zirben hindurch hinauf zu den weitgehend baumlosen Almflächen rund um die Hütte, die man nach einem letzten Anstieg erreicht.

Die Lage der **Brogleshütte** 07 ist fantastisch – gleich südlich des Hauses blicken wir auf die steilen, in Schutthängen auslaufenden Felswände der Seceda (2518 m) rechts und der Kleinen Fermeda (2814 m) links. Dazwischen sind die Kehren des Wanderwegs hinauf zur Panascharte (2447 m) gut zu erkennen. Die Hütte ist vielbesucht, zum einen von Wanderern, die von St. Ulrich mit der Standseilbahn zur Raschötz hochfahren und über den Höhenweg zur Brogleshütte wandern, zum anderen von Wanderern aus dem Villnößtal, die über die Zamser Alm oder den Adolf-Munkel-Weg zur Hütte kommen.

Der Rückweg zum **Parkplatz an der Waldschenke** 01 erfolgt über die Aufstiegsroute.

Variante Rundweg

Wer die Wanderung als Runde laufen möchte, folgt an der **Weggabelung** 06 dem Adolf-Munkel-Weg nach Osten, bis links der Abzweig zur Gschnagenhardtalm kommt (1 Std., 3 km). Von dieser führt der Wanderweg 36 über die Geisleralm und Duslerhütte (1:50 Std., 5,4 km) zur Zanser Alm (2¼ Std., 7,4 km). Dort nimmt man entweder den Bus nach Ranui oder läuft auf Weg 33 zum Ausgangspunkt Waldschenke zurück (Rückweg insgesamt 3 Std., 10 km, 200 hm bergauf, 863 hm bergab).

Die Brogleshütte vor den Geislerspitzen

PANORAMAWEG UND SUNNSEITNWEG

Das Villnößtal von seiner schönsten Seite

11,1 km | 3:15 h | 510 hm | 510 hm | 59 672

START | Parkplatz Ranui (Ampel Zanser Alm) [GPS: UTM Zone 32 x: 708.240 m y: 5.168.412 m]
CHARAKTER | Von der Wegbeschaffenheit ist die Wanderung leicht, es gibt jedoch einige steilere Passagen.

Die Wanderung führt von Hofstelle zu Hofstelle durch die bäuerliche Kulturlandschaft des oberen Villnößtals. Der Panoramaweg mit einigen durchaus anstrengenden Passagen bergauf und bergab bietet grandiose Ausblicke auf das obere Villnößtal.

Gestartet wird am **Parkplatz Ranui** 01. Nach wenigen Metern entlang der Fahrstraße wird bei erster Gelegenheit der Villnößer Bach gequert. Die Teerstraße führt geradewegs zur **Kirche St. Magdalena** 02. Zwischen den Hofgebäuden hindurch ist der Panoramaweg ein erstes Mal nach einer Bachquerung ausgeschildert. Er verläuft vorbei an einem Bildstock zum Waldrand (**Weggabelung** 03) und führt ab dort mal im Waldstreifen, mal unterhalb von diesem in stetem Auf und Ab Richtung St. Peter. Nach einer Infotafel zum Thema Hecken folgt auf Höhe der Häuser von Coll der **Abzweig** zum tiefer liegenden **Sunnseitnweg** 04.

Durch ein Waldstück geht es relativ steil hinauf zur Passstraße (zum Würzjoch) und zur Kapelle **Vikoler**

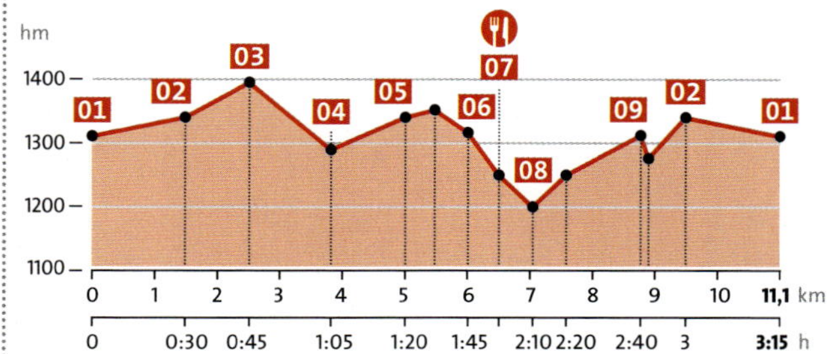

01 1315 m, Parkplatz Ranui; 02 1343 m, Kirche; 03 1391 m, Weggabelung; 04 1281 m, Beginn des Sunnseitnwegs; 05 1330 m, Vikoler Bild; 06 1319 m, Sunnseitnweg; 07 1251 m, Jausenstation Gsoi; 08 1200 m, Wiesenpfad; 09 1314 m, Abzweig Weg 32

Blick nach St. Magdalena, vor dem Schlussanstieg zum Vikoler Bild

Bild 05. Rechts neben der Kapelle weist ein Wegweiser in den Wald hinein zum Vikoler Jöchl. Kurz folgt man dem steilen Weg, dann zweigt nach links ein Weg nach St. Peter ab, der durch die Rungatsch-Höfe hindurchführt.

Gleich nach dem unteren Hof quert man eine Bergwiese bergab und befindet sich nun auf dem **Sunnseitnweg** 06 (Logo Sonne), dem man nach links Richtung St. Magdalena folgt. Nach erneuter Querung der Passstraße ist bald die **Jausenstation Gsoi** 07 mit einer Hofkapelle von 1831 erreicht. Wenig später zweigt am tiefsten Punkt der Wanderung (etwas oberhalb der Talstraße) ein **Wiesenpfad** 08 nach links ab und führt hinauf zu zwei weiteren Höfen. Statt aber der Straße Richtung Ort zu folgen, nimmt man an einer Gabelung links den Weg über Treppenstufen und wandert zwischen den Wiesen weiter auf die Dorfkirche zu. Steil geht es links ein paar Höhenmeter am Zaun entlang bergauf (Hinweis Panoramaweg), dann nach rechts auf **Weg 32** 09 Richtung Ort in eine Senke und auf dem Kirchsteig zur **Kirche** 02 hinauf.

Ab hier auf dem Hinweg zurück zum **Parkplatz Ranui** 01.

ADOLF-MUNKEL-WEG

Auf der Nordseite der Geislerspitzen

9,5 km | 3:10 h | 415 hm | 670 hm | 59 076

START | Schlüterhütte (Zustieg siehe Tour 48)
[GPS: UTM Zone 32 x: 714.676 m y: 5.168.461 m]
CHARAKTER | Leichter, im Sommer stark frequentierter Wanderweg.

Über 100 Jahre alt ist der von der Sektion Dresden erbaute Höhenweg zu Füßen der Geislerspitzen, den die Sektion zu Ehren ihres Vorsitzenden benannte. Der Weg, der ohne all zu große Höhenunterschiede immer unterhalb der Schotterflächen der Nordwände zur Brogleshütte führt, quert dabei im leichten Auf und Ab mehrere Geländerücken. Doch auch wenn man über weite Strecken im Wald läuft, hat man doch immer wieder neue, eindrucksvolle Blicke auf die unmittelbar über dem Weg aufragenden Nordwände.

▶ Von der **Schlüterhütte** 01 geht es zunächst rund 200 Höhenmeter an der begrünten Westseite des Bronsoi hinunter zur **Gampenalm** 02. Wer nicht die Fahrstraße

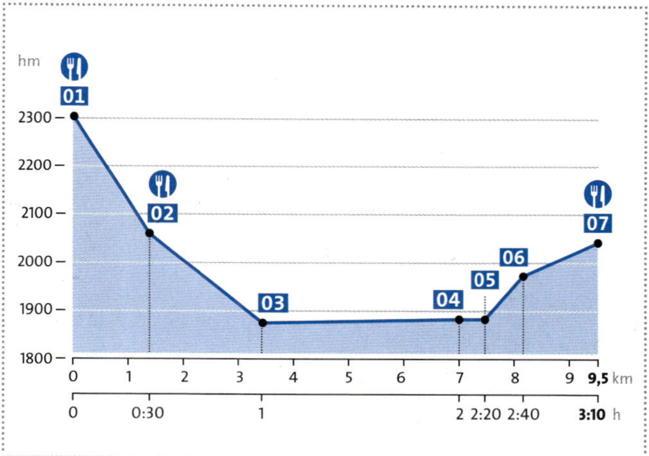

01 2306 m, Schlüterhütte; 02 2062 m, Gampenalm; 03 1869 m, Drehkreuz, Beginn des Adolf-Munkel-Wegs; 04 1880 m, Klieferbach; 05 1881 m, Abzweig zur Mittagsscharte; 06 1974 m, Abzweigung zur Panascharte; 07 2045 m, Brogleshütte

Felsblöcke aus den Wänden der Geislerspitzen säumen den Weg

der Hütte nehmen will, kann auch dem Wanderweg 31/33 folgen, beide treffen bei der Gampenalm wieder zusammen. Weiter geht es mit Blick auf die Geislerspitzen an den Grashängen des Medalges entlang durch lichten Wald Richtung Tschantschenonbach. In einer Kehre biegt man links ab und läuft durch ein hölzernes **Drehkreuz** 03 (Bank) und dann auf einem Bergpfad weiter.

Adolf-Munkel-Weg: Auf dem berühmtesten Wanderweg des Villnößtals weist linker Hand ein Schild auf den Messner-Klettersteig hin, eine bronzene Gedenktafel erinnert außerdem an Adolf Munkel. Teilweise führt der Weg durch Felssturzgebiet, dann wieder auf weichem Boden durch lichten Bergwald. Unterwegs bieten Wiesenflächen schöne Möglichkeiten für eine Pause mit Blick auf die Felswände.

Von einem Sattel geht es bergab in das nur nach großen Niederschlägen Wasser führende, sonst mit Fels und Schotter gefüllte Bachbett des **Klieferbachs** 04 direkt unterhalb der Mittagsscharte. Die Abzweigung zur **Scharte** 05 liegt inmitten von Latschen und ist nach einem kurzen Gegenanstieg erreicht. Nach weiteren 20 Minuten folgt die **Abzweigung zur Panascharte** 06. In leichtem Bergauf-Bergab geht es nun weiter über die Schulter des Weißbrunnecks zu den Almwiesen rund um die **Brogleshütte** 07, die in einer Mulde unterhalb des Broglessattels liegt.

Wanderwege ab der Brogleshütte: Von der Hütte hat man verschiedene Möglichkeiten zum Weiterwandern: Den Abstieg ins Villnößtal (Parkplatz Ranui, Weg 28, 1:20 h), die Wanderung über den Grödner Höhenweg zur Raschötz-Standseilbahn (Weg 35, 1:30 h, siehe Tour 3), den Abstieg nach St. Ulrich über das Cuecenatal (siehe Tour 3) oder den Aufstieg zur Panascharte (Weg 6, 1:30 h).

VILLNÖSSER ALMWANDERUNG

Vier Hütten unter den imposanten Geislerwänden

8 km | 2:50 h | 464 hm | 464 hm | 59 076

START | (kostenpflichtiger) Parkplatz Zanser Alm [GPS: UTM Zone 32 x: 711.684 m y: 5.168.421 m]
CHARAKTER | Schöne Wanderung auf Steigen und Güterwegen durch bäuerliche Kulturlandschaft, intakte Bergwälder und blühende Almwiesen. Bei feuchter Witterung kann der relativ steile Abstieg von der Geisler Alm zur Duslerhütte (Weg 36) sehr rutschig sein, die Alternative ist an solchen Tagen der Fahrweg.

Vier Almen säumen den Weg, der durch herrlichen Bergwald und über aussichtsreiche Almwiesen führt. Über allem thronen erhaben die Geislerspitzen, denen man auf dem Adolf-Munkel-Weg sehr nahe kommt. Im Frühsommer begeistern die Wiesen mit ihrer Blumenpracht, im Herbst sorgen die gelben Lärchen für Farbakzente.

Zur Glatschalm: Zur Alm nimmt man vom obersten **Parkplatz** 01 an der Zanser Alm den Güterweg 36, der sich nach kurzer Zeit teilt. Der Beschilderung folgend ist nach rund 30 Min. das Ziel erreicht. Von der Aussichtsterrasse der **Glatschalm** 02 genießt man einen freien Blick auf die imposanten Nordwände der Geislerspitzen.

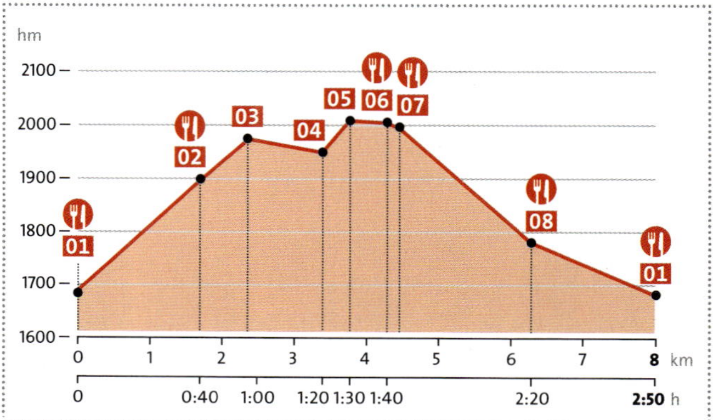

01 1680 m, Parkplatz; 02 1902 m, Glatschalm; 03 1977 m, Adolf-Munkel-Weg; 04 1961 m, Weggabelung, Abzweig Geisler Alm; 05 2016 m, Weggabelung, Abzweig zur Gschnagenhardtalm; 06 2006 m, Gschnagenhardtalm; 07 1996 m, Geisler Alm; 08 1782 m, Duslerhütte

Adolf-Munkel-Weg: Der Zustieg zum beliebten Adolf-Munkel-Weg ist nicht zu verfehlen: Zwischen einzelnen Zirben hindurch geht es über die Wiesen zum Waldgürtel hinauf, der das Almgelände von den Schutthängen trennt. Hier teilt sich der Weg: Links geht es Richtung Gampenalm, rechts zur Gschnagenhardtalm. Nach wenigen Metern ist der **Adolf-Munkel-Weg** 03 erreicht, der nun leicht bergab durch lichten Wald zu einem Bergsturzgelände führt. Dem steinigen Pfad folgt man bis zu einer weiteren **Weggabelung** 04, wo ein Weg direkt zur Geisler Alm abgeht (er ist aber kaum kürzer als der kleine, aber schöne Umweg über die Gschnagenhardtalm). Weiter auf dem Hauptweg, geht es hinter einem Weidezaun einen Bergrücken hinauf, wo nach Norden der **Weg zur Gschnagenhardtalm** 05 abzweigt.

Zu den Almen: Zu den zwei Einkehralmen nimmt man den rechten Weg, der in Treppen auf eine Kuppe leitet. Ganz unmittelbar steht man nun am Waldrand und schaut über die Almwiesen talwärts. Die **Gschnagenhardtalm** 06 ist nach wenigen Minuten erreicht. Die familienfreundliche Alm hält für Kinder einen kleinen Spielplatz und eine Hasenfamilie bereit. Nur 150 m weiter folgt die **Geisler-Alm** 07 mit einem Abenteuerspielplatz. Zwei knorrige geschnitzte Wirte begrüßen hier die Gäste.

Abstieg ins Tal: Etwas unterhalb der Alm biegt rechts vom Güterweg der Waldsteig zur Duslerhütte ab. Recht steil geht es durch den Wald über den mit Bohlen und Treppen befestigten Steig zu einem Bach hinunter, dann weitgehend höhenparallel weiter zum Fahrweg zur Geisler Alm. Auf diesem talwärts zur **Duslerhütte** 08.

Der Weg von dort hinunter zum Villnößer Bach wurde 2013 saniert und führt durch den Schwarzwald, zunächst steil bergab, später nach einer Rechtskurve weitgehend eben oberhalb der Fahrstraße und des Bachs zum **Parkplatz** 01.

Auch an einem Regentag faszinierend: Der Bergwald am Adolf-Munkel-Weg zwischen Glatschalm und Gschnagenhardtalm

NATURERLEBNISWEG ZANS

Informativer Spaziergang für die ganze Familie

3 km | 0:45 h | 83 hm | 83 hm | 59 076

START | (kostenpflichtiger) Parkplatz Zanser Alm/Infohäuschen [GPS: UTM Zone 32 x: 711.684 m y: 5.168.421 m]
CHARAKTER | Schotterweg, auch für Rollstuhlfahrer geeignet. Maximales Gefälle 8 %, Markierung: Rollstuhlsymbol.

Einen guten Einstieg in ein paar Wandertage am Fuß der Geislerspitzen bietet der Naturerlebnisweg Zans, der viel Wissenswertes über Fauna und Flora sowie Geologie des Tals vermittelt, aber auch über den Kulturraum und die Arbeit der Bergbauern informiert. Im westlichen Teil führt der Weg durch ein Wildgehege hindurch. Kindern sollte man nicht zu viel versprechen, denn die Tiere verstecken sich möglicherweise im Wald und sind dann nicht zu sehen.

▶ Gestartet wird am **Infohäuschen am oberen Parkplatz** 01, wo man der Beschilderung zum Gasthof Sass Rigais und Zanser Schwaige folgt. Erste Infowürfel über Magerwiesen finden sich noch vor der Zanser Schwaige. Gleich nach dem Weidetor zweigt links der mit einem Rollstuhlsymbol gekennzeichnete Erlebnisweg ab. Vorbei an einem Brunnen und einem Picknicktisch geht es nach einer Kehre wieder Richtung Norden – vorbei an einigen nett geschnitzten **Holztieren** 02 beiderseits des Weges. Ein Holzrelief zeigt etwas weiter die Silhouette der Geislerspitzen, die Gipfel sind mit Namen und Erstbesteigern (auch in Brailleschrift) genannt. Kurz danach kreuzt der Weg den

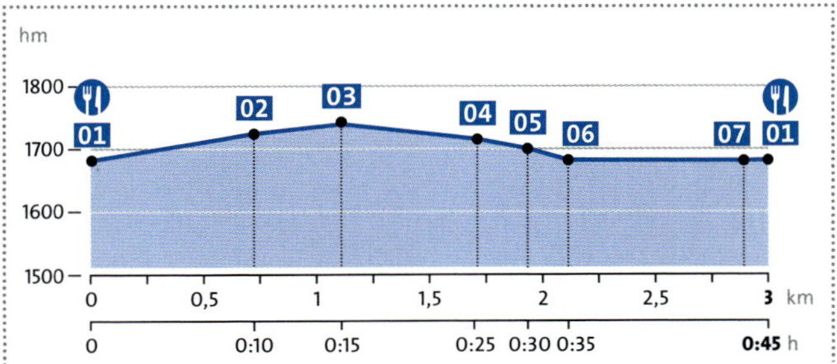

01 1680 m, Parkplatz, Infohäuschen; 02 1723 m, Holztiere; 03 1742 m, Brücke Kaserillbach; 04 1717 m, Kalkofen; 05 1704 m, Abkürzung; 06 1680 m, Kehre; 07 1679 m, Tafeln Rot- und Damwild

Güterweg zur Kaserillalm und führt hinunter zur **Brücke über den Kaserillbach** 03. Auf der anderen Seite informiert eine Tafel über naturnahen Wasserschutzbau.

Auf dem nächsten Abschnitt geht es um die Tierwelt: Drehbare Fototafeln informieren in wenigen Sätzen über die Bergbewohner wie Murmeltier, Gämse und Adler. Sehenswert sind auch die Info-Pyramide zum Thema Ameisen und der gleich daneben ebenfalls durch eine Gitterpyramide geschützte Ameisenhaufen.

Für geschichtlich Interessierte gibt es einen **restaurierten Kalkofen** 04. Nach der Besichtigung des historischen Brennofens erhalten die Besucher einen Einblick in die Geologie der Dolomiten und deren wichtigste Gesteinsarten. Zwischen den Wildgehegen hindurch führt der Weg zur Strickeralm, wo der Zustieg zum Unteren Herrensteig endet. Rechts

Restaurierter Kalkofen

Das Brennen von Kalk bei 1200 bis 1400 Grad war früher ein wichtiger Nebenerwerb für die Bergbauern des Villnößtals. Der mit Wasser gelöschte Kalk fand vielseitig Verwendung: So wurde er als Dünger, als Desinfektionskalk in Ställen und zum Tünchen der Hauswände genutzt. Gelöschter Kalk mit Sand vermischt war als Steinkalkmörtel ein wichtiger Baustoff beim Hausbau.

des Wildgehegezauns führt eine **Abkürzung 05** hinunter zur Straße. Wer mit Kinderwagen oder Rollstuhl unterwegs ist, folgt der **Kehre 06** Richtung Westen, wo Tafeln über die typischen Baumarten des Villnößtals informieren. Der Weg zurück zum Parkplatz führt dann parallel zur Straße und am Jugendheim des Alpenvereins vorbei zum Kassenhäuschen. Hier erfährt man auf Tafeln neben den Futterstellen Wissenswertes über **Dam- und Rotwild 07** und lernt, wie sich die beiden Arten unterscheiden lassen. Von dort sind es nur wenige Schritte bis zum **Infohäuschen 01**.

Eingang zum Kalkofen

Infotafel Ameisen

SCHLÜTERHÜTTE • 2306 m

Zwei einfache Aufstiegswege zur Schutzhütte

4,2 km · 2 h · 635 hm · 5 hm · 59 076

START | (kostenpflichtiger) Parkplatz Zanser Alm [GPS: UTM Zone 32 x: 711.684 m y: 5.168.421 m]
CHARAKTER Aussichtsreicher Aufstieg durch Wald und über Almwiesen, teils auf Güterwegen, teils auf Wald- und Wiesensteigen.

Die Schlüterhütte wurde 1898 von Kommerzienrat Franz Schlüter für die Sektion Dresden erbaut und hat eine zentrale Lage im Naturpark zwischen Geisler- und Peitlerkofelgruppe sowie am Übergang vom Villnößtal zu den ladinischen Dolomitentälern. Die Hütte ist ein Stützpunkt auf den Dolomiten-Höhenwegen 2 und 8 und dem Europawanderweg München – Venedig und ein guter Ausgangspunkt für leichte wie auch anspruchsvolle Bergtouren. Von der Zanser Alm aus bieten sich zwei Aufstiegswege an.

Aufstiegsweg über Kirchwiesl Rechts vom **Infohäuschen** 01 weisen Holzschilder auf den Fußweg zur Schlüterhütte hin. Nach Überqueren des Kaserillbachs geht es auf der Nordseite des Bachs in leichtem Anstieg durch den Wald bis zum **Kirchwiesl** 02, einer idyllischen Lichtung am Fuß des Zendleser Kofels. Über eine kleine Holzbrücke wird der Kaserillbach gequert, anschließend geht es auf einem schönen Pfad durch die Gampenwiese hinauf zur **Gampenalm** 03. Von dort folgt man Steig 33 Richtung Osten über die Almwiesen,

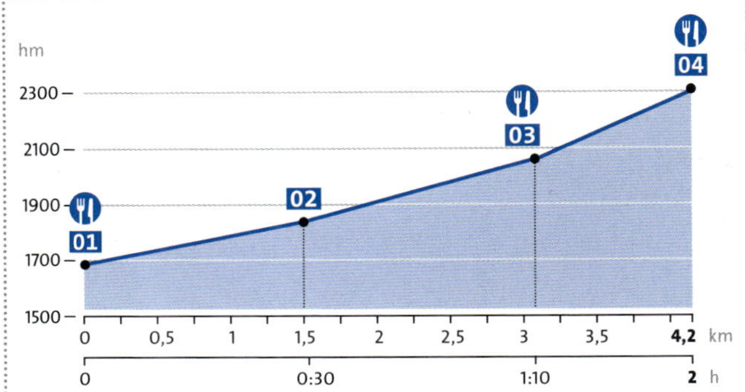

01 1680 m, Parkplatz, Infohäuschen; 02 1841 m, Kirchwiesl; 03 2062 m, Gampenalm; 04 2306 m, Schlüterhütte

Links der kehrenreiche Steig 33 zur Schlüterhütte, rechts die Gampenalm

zunächst sanft ansteigend, dann in engen Serpentinen steil hinauf auf den Geländeabsatz, auf dem die **Schlüterhütte** 04 errichtet wurde.

Alternativer Aufstiegsweg über den Tschantschenonbach (Weg 6)
Von der **Infohütte** 01 läuft man am Gasthaus Sass Rigais vorbei bis zu einem Viehgatter, hinter dem der schöne Wanderweg 6 immer auf der linken Seite des Tschantschenonbaches bergauf führt – zunächst als relativ breiter Fahrweg, später als Waldsteig mit Blick auf die Geislerspitzen. Der Weg mündet schließlich in den Güterweg zur Gampenalm ein (Weg 35). Dieser

Blick vom Zendleser Kofel auf die Schlüterhütte

führt links bergauf – zunächst durch Wald, dann mit freiem Blick über die Gampenwiese zur **Gampenalm** 03. Von der Alm aus hat man die Wahl zwischen dem moderat ansteigenden Fahrweg am Fuß von Medalges und Sobutsch (Weg 35) oder dem vorher beschriebenen Steig hinauf zur **Schlüterhütte** 04.

Geschichte der Schlüterhütte/Rifugio Genova

1907 wurde die Hütte von der Sektion Dresden umgebaut und erweitert. Nach dem Ersten Weltkrieg fiel Südtirol an Italien, die Schutzhütten wurden zunächst dem italienischen Kriegsministerium unterstellt. Der Alpenverein bemühte sich um die Hütten und erreichte mit einem Dekret 1921 die Verantwortung für die Schutzhäuser. Ab 1925 kümmerte sich die Sektion Ligure um die Schlüterhütte und nannte sie **Rifugio Genova**. Nach 1945 wurde die Hütte der Sektion Brixen überantwortet. Seit 1999 ist sie im Besitz der Autonomen Provinz Bozen-Südtirol.

SOBUTSCH UND MEDALGES

Die Hausberge von Medalgesalm und Gampenalm

12 km | 4:40 h | 870 hm | 245 hm | 59 076

START | (kostenpflichtiger) Parkplatz Zanser Alm [GPS: UTM Zone 32 x: 711.684 m y: 5.168.421 m]
CHARAKTER | Zwei einfache Berge, der unmarkierte Weg zu den Gipfeln führt etwas ausgesetzt an einer Kante entlang.

Unterwegs zwischen Forsthaus Tschantschenon und Kreuzjoch

Sobutsch und Medalges sind zwei schmale, pultförmig nach Norden aufgestellte Gipfel oberhalb der Medalgesalm. Beide Berge sind südseitig mit Gras bedeckt, die bis zur Kante hinauf beweidet werden und auf denen zahlreiche Edelweiße blühen. Nach Norden fallen die Berge eindrucksvoll zu den Gampenwiesen hin ab. Von beiden Gipfeln genießt man einen herrlichen Blick Richtung Puez-Spitzen, Tofanen, Fanesgruppe sowie im Norden zu den vergletscherten Zillertaler Alpen, den Aferer Geisler und dem Peitlerkofel.

Zum Kreuzjoch: Vom **Infohäuschen am Parkplatz** 01 führt Weg 6 entlang des Tschantschenonbachs hinauf zum **Güterweg zur Gampenalm** 02. Kurz diesem folgen und dann in einer Kurve den Zufahrtsweg rechts zum Forsthaus Tschantschenon (1928 m) hinauf, das einsam zwischen mächtigen

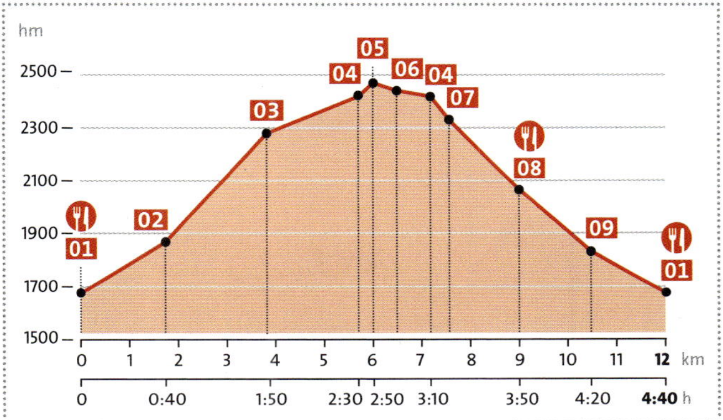

01 1680 m, Parkplatz; 02 1880 m, Güterweg zur Gampenalm; 03 2293 m, Kreuzjoch; 04 2421 m, Sattel; 05 2486 m, Sobutsch; 06 2454 m, Medalges; 07 2338 m, Bronsoijoch; 08 2062 m, Gampenalm; 09 1841 m, Kirchwiesl

Blick Richtung Westen vom Sobutsch zum Medalges

Felsblöcken liegt. Der Weg zum Kreuzjoch ist gut ausgeschildert. Zunächst noch über Wiesen, geht es relativ bald oberhalb des Forsthauses links in den Wald hinein. Der schön angelegte Waldsteig verläuft zwischen Zirben und Fichten hindurch mit herrlichem Blick auf die Wände der Geislergruppe und dem zum Kreuzjoch hin auslaufenden Felsgrat. Das Joch mit dem Marterl ist zwar nicht zu sehen, der Sattel links von den Felsen aber gut zu erkennen, ebenso ein Teil des folgenden Weges. Entlang von Weidezäunen wandert man auf die Felswände zu, quert eine kleine Reiße und biegt dann

Nach Erreichen des Kreuzjochs lädt die Medalges-Alm zur Rast ein

Blick Richtung Osten vom Medalges zum Sobutsch

am Talschluss oberhalb des Bachs nach links ab, um nun unterhalb der Felswände weiter bergauf zu wandern. Nach einer Rechtskurve folgt der steile Schlussanstieg zum **Kreuzjoch** 03.

Zum Sobutsch und Medalges: Eine Bank und ein Marterl markieren das Joch, über das der Dolomiten-Höhenweg 2 (Weg 3) von der Schlüterhütte zur Roa-Scharte verläuft. Nach links wandernd ist gleich darauf die kleine Medalgesalm erreicht. Links von ihr überwindet ein Steig einen kleinen Geländeabsatz. Höhenparallel geht es anschließend über die schönen Medalgeswiesen – mit eindrucksvollem Blick zur Roa-Scharte, die die Geislergruppe von der Puezgruppe trennt.

Beim **Sattel** 04 zweigt ein schmaler, unmarkierter Pfad zum höchsten Punkt, dem **Sobutsch** 05, ab. Der Weg verläuft unmittelbar an den nach Norden steil abfallenden Wänden und ist von daher nur schwindelfreien Berggehern empfohlen. Links und rechts des Pfades wachsen übrigens zahlreiche Edelweiße. Über eine kleine Scharte geht es anschließend noch auf den **Medalges** 06, dann verliert sich der Weg. Zurück auf gleichem Weg (20–30 Min.)

Rückweg ins Tal: Zurück am **Sattel** 04 geht es nun etwas ausgesetzt über Schotter und Fels auf schmalem Pfad auf der felsigen Ostseite des Sobutsch zum **Bronsoijoch** 07, von dem aus ein Pfad (3A) hinunter auf den Güterweg zur Gampenalm führt. Von der **Gampenalm** 08 geht es über die Gampenwiesen zur **Kirchwiesl** 09 und weiter auf dem Fußweg (Weg 25) zum **Parkplatz** 01 zurück.

Alternativ umrundet man die Ostflanke des Bronsoi auf einem schönen Steig und gelangt so zur **Schlüterhütte.**

KLEINER PEITLERKOFEL • 2813 m

Viel besuchter Aussichtsgipfel

8,6 km | 3:20 h | 590 m | 590 hm | 672

START | Schlüterhütte im Villnößtal (Zustieg siehe Tour 48) [GPS: UTM Zone 32 x: 714.676 m y: 5.168.461 m]
CHARAKTER | Der Kleine Peitlerkofel wird über gut markierte Bergsteige bestiegen; auf den Hauptgipfel führt ein Klettersteig (Schwierigkeitsgrad I), Trittsicherheit und Schwindelfreiheit sind notwendig. Bei Bedarf sollte man mit Klettersteigset aufsteigen.

Der Kleine Peitlerkofel ist ein grandioser Aussichtsberg, von dem aus man auf die fast senkrechten Nordwände des Hauptgipfels schaut.

Kleiner Peitlerkofel (2813 m)
Von der **Schlüterhütte** 01 geht es zum **Kreuzkofeljoch** 02 und dann ohne großen Höhenunterschied in einem weiten Bogen Richtung Osten entlang der Hänge der Aferer Geisler durch die Bergwiesen zur **Peitlerscharte** 03, an der sich Bänke und ein Kreuz befinden. Dem Wegweiser „Peitlerkofel" folgend steigt man nun auf einem ausgetretenen Bergpfad in zahlreichen, zunehmend steiler werdenden Serpentinen die Grasflanke hinauf. Die zuständigen Wegwarte haben hier einige Abkürzungen bzw. einen alten Weg mit Holzbalken gesperrt – bitte unbedingt dem Verbot Folge leisten. Ungefähr auf halbem Weg führt der Weg nach rechts zum Felsen hin, wo rund 5 m in leichter Kletterei überwunden werden müssen. Danach verläuft der Pfad wieder breit ausgetreten am Fels entlang, bald danach ist der **Sattel** 04 zwischen West- und Hauptgipfel erreicht. Von hier aus

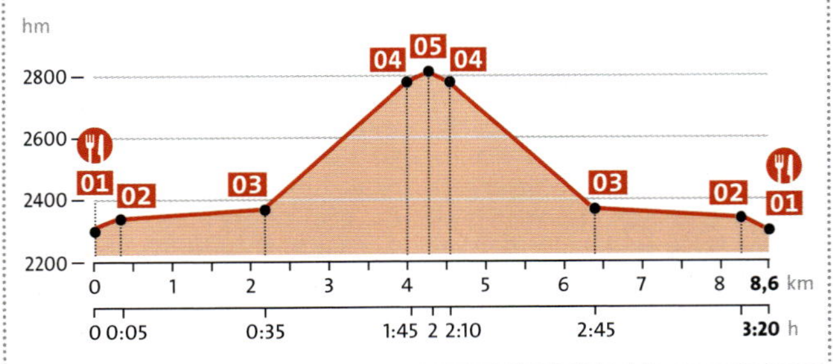

01 2306 m, Schlüterhütte; 02 2340 m, Kreuzkofeljoch; 03 2357 m, Peitlerscharte; 04 2764 m, Sattel; 05 2813 m, Kleiner Peitlerkofel

Blick vom Sobutsch zum Kleinen (links) und Großen Peitlerkofel (rechts)

sind es nur wenige Minuten leicht ansteigend zum Gipfelkreuz des **Kleinen Peitlerkofels** 05. Der Abstieg zur Schlüterhütte erfolgt über den Hinweg.

Großer Peitlerkofel (2875 m)
Vom Sattel geht man nur wenige Schritte zu dem mit Fixseilen versehenen Klettersteig (150 m), der knapp unter dem Kreuz endet.

ZENDLESER KOFEL • 2422 m

Aussichtsreicher Hausberg der Schlüterhütte

8,8 km | 3:40 h | 750 hm | 750 hm | 59 076

START | (kostenpflichtiger) Parkplatz Zanser Alm [GPS: UTM Zone 32 x: 711.684 m y: 5.168.421 m]
CHARAKTER | Wanderung mit mehreren Einkehrmöglichkeiten. Vom Gipfel weglos über Almwiesen hinunter zur Wörndle Lochalm.

Der Hausberg der Schlüterhütte bietet eine grandiose Aussicht. Ein einfacher Weg führt in rund 15 Min. von der Hütte zum Gipfelkreuz und erschließt damit einen Gipfel für die ganze Familie.

▶ **Auf den Zendleser Kofel:** Gestartet wird unterhalb des **Infohäuschens** 01 auf dem Güterweg zur Kaserillalm und zur Wörndle Lochalm. Ein breiter Fahrweg führt durch den schattigen Wald in angenehmer Steigung bergauf. Unterwegs wird der Naturerlebnispfad Zans gekreuzt, später der Kaserillbach. Bei Niedrigwasser kann man der Fahrspur folgen, führt der Bach mehr Wasser, nimmt man die Holzbrücke. Vom Bach aus hat man schon einen schönen Blick auf den Zendleser Kofel. Dann wird der Wald lichter und öffnet sich hin zur idyllischen **Kirchwiesl** 02. Von links mündet Wanderweg 25 ein, über den später der Rückweg zum

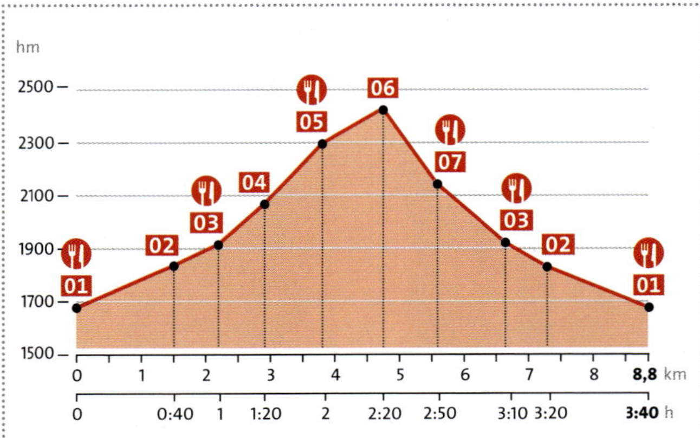

01 1680 m, Parkplatz, Infohäuschen; 02 1841 m, Kirchwiesl; 03 1920 m, Kaserillalm; 04 2070 m, Weg zur Gampenalm; 05 2306 m, Schlüterhütte; 06 2422 m, Zendleser Kofel; 07 2143 m, Wörndle Lochalm

Gipfelkreuz des Zendleser Kofels und die Nordseite der Geislerspitzen

Die einladende Kaserillalm unterhalb des Zendleser Kofels

Parkplatz führt. Von der Kirchwiesl lässt sich schon der weitere Verlauf der Wanderung nachvollziehen: Von der Kaserillalm geht es über die Almwiesen hinauf zur Schlüterhütte, die im Sattel rechts vom Gipfel zu sehen ist.

Zunächst folgt man noch dem Güterweg zu den Almen und quert abermals den Kaserillbach, dann geht es durch ein kurzes Waldstück in zwei Kehren hinauf zur **Kaserillalm** 03. Einladend ist es hier nicht nur wegen der schönen Lage der Alm mit Blick auf die Geislerspitzen, sondern auch wegen der gemütlichen Holzliegen, die zum Ausruhen verlocken, und der guten Küche mit Käse aus eigener Produktion. Schon bald zweigt links des Weges der Steig zur Schlüterhütte und Gampenalm ab, durch lichten Wald, meist baumlos, geht es bergwärts mit schönem Blick zur Gampenalm, zu den Wänden der Geislerspitzen und talauswärts zur Zanser Alm. Hinter einem Weidezaun folgt eine weitere Weggabelung. Hier zweigt der **Weg zur Gampenalm** 04 ab. Die letzten 200 Höhenmeter zur Schlüterhütte sind kurz, aber relativ steil, und führen über einen Wiesenrücken hinauf zur **Schutzhütte** 05. Nach der verdienten Einkehr folgt man dem Weg zum Kreuzkofeljoch und steigt über den gut ausgetretenen Pfad zum **Gipfelkreuz des Zendleser Kofels** 06 hinauf.

Abstieg über die Wörndle Lochalm: Die Alm liegt direkt unterhalb des Gipfels, zu ihr gelangt man, indem man links vom Weidezaun weglos über die Wiesen in die Senke hinabsteigt und in einem weiten Linksbogen zur **Wörndle Lochalm** 07 wandert. Auf Höhe der Almgebäude besteht übrigens die Möglichkeit, über den schönen Weg 31 zur Schlüterhütte zurückzukehren (45 Min.). Zum Parkplatz folgt man jedoch Güterweg 31 Richtung Kaserillalm und **Kirchwiesl** 02 und dort zunächst den Wegweisern zu den Herrensteigen (32A). Rechts vom Kaserillbach geht es nun auf Weg 25 durch den Wald zurück zum Ausgangspunkt am **Infohäuschen** 01.

OBERER UND UNTERER HERRENSTEIG

Auf der Südseite der Aferer Geisler

10,1 km | 4:10 h | 780 hm | 780 hm | 672

START | (kostenpflichtiger) Parkplatz Zanser Alm
[GPS: UTM Zone 32 x: 711.684 m y: 5.168.421 m]
CHARAKTER | Der obere Steig verläuft über weite Strecken oberhalb der Baumgrenze, der untere Steig auf schmalem Waldweg. Für den steilen Abstieg zur Stricknerlalm ist Trittsicherheit nötig.

Die Aferer Geisler (früher auch Rueffen genannt) sind das kleine Pendant zu den Geislerspitzen und der westliche Teil der Peitlerkofelgruppe. Die bekanntesten Gipfel sind von Osten nach Westen Ringspitze (2625 m), Wälscher Ring (2607 m), Tullen (2652 m) und Weißlahngrat (2494 m). Die Steige wurde im 16. Jh. in den „Herrenwäldern", die zum Besitz der Tiroler Landesfürsten (also der Herren) gehörten, als Schau- bzw. Jagdwege angelegt. Oberer und Unterer Herrensteig laufen parallel zueinander entlang der steilen Gras- bzw. Waldhänge der Aferer Geisler. Der Obere Herrensteig ist naturgemäß aussichtsreicher, weil er meist durch felsiges bzw. baumloses Almgelände führt. Auch wenn der Untere Herrensteig abgesehen von der Kofelwiese meist durch den Bergwald verläuft, genießt man doch immer wieder schöne Blicke auf die

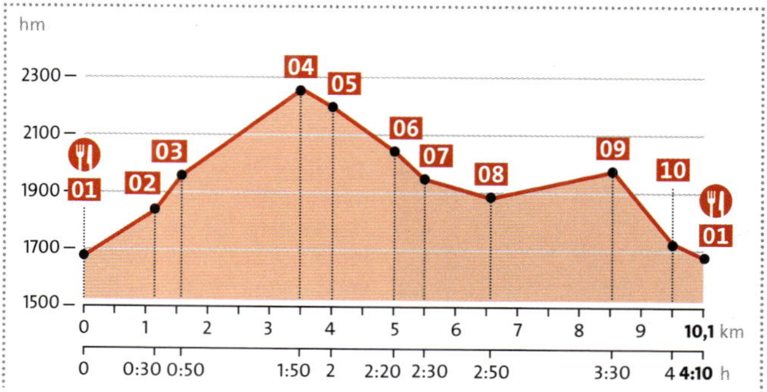

01 1680 m, Parkplatz, Infohäuschen; 02 1837 m, Abzweig Wege 25 und 32; 03 1972 m, Oberer Herrensteig; 04 2250 m, Kofelalm; 05 2203 m, Abzweig Günther-Messner-Steig zum Tullen; 06 2050 m, Ab-zweig Unterer Herrensteig; 07 1950 m, Kofelwiese; 08 1882 m, Abzweig Weg 26; 09 1974 m, Abstiegsweg 32B; 10 1716 m, Strickneralm

Tiefblick zum Almgelände der Zanser Alm vom Unteren Herrensteig

gegenüberliegenden Geislerspitzen, talauswärts nach St. Magdalena und auf die Zanser Alm.

▶ **Oberer Herrensteig:** Am **Parkplatz** hinter dem **Infohäuschen** 01 beginnt der Aufstieg zum Oberen

Oberer Herrensteig

Herrensteig, der zunächst leicht ansteigend einem breiten Forstweg nördlich des Kaserillbachs folgt. Kurz vor der Kirchwiesl kommt eine **Weggabelung** 02: Weg 25 und 32 zweigen nach links ab. Es beginnt der stetige, zum Teil recht steile Aufstieg durch lichten Bergwald, zunächst parallel zum Schotterbett des Ötzbachs (Wegweiser Oberer Herrensteig 25 und Günter-Messner-Steig), dann in Serpentinen steil ansteigend.

An einer Weggabelung wechselt man nach rechts auf den **Oberen Herrensteig** 03 und läuft nun im immer lichter werdenden Bergwald, eine weitere Abzweigung talwärts zum Unteren Herrensteig (Weg 32B) wird ignoriert. Zunächst bergauf durch den Bergwald und dann oberhalb der Waldgrenze über Almwiesen führend, quert der Weg die steilen Grashänge der Aferer Geisler. Eine markante Felswand wird umrundet, dann ist auf einer Hangschulter auf der **Kofelalm** 04 der höchste Punkt der

Wanderung erreicht. Wieder leicht abfallend in eine Mulde trifft man auf den **Günther-Messner-Steig** 05, der hier nach rechts zum Tullen abzweigt.

Der Obere Herrensteig führt nun unterhalb der Wände der Kälbergartenspitze über Almwiesen leicht abfallend zu einem Sattel, wo man einen kleinen Abstecher zu einem Gipfelkreuz mit Blick nach St. Magdalena unternehmen kann. Der Obere Herrensteig verläuft in einer Rechtskurve um die Westflanke des Weißlahngrats hin zu einer Wegkreuzung. Hier beginnt der **Untere Herrensteig** 06.

Unterer Herrensteig: Nun geht es über Almwiesen Richtung Süden zur aussichtsreichen **Kofelwiese** 07. Bei der kleinen Holzhütte auf der Kofelwiese zweigt der Untere Herrensteig nach links ab und führt in den Wald hinein und umgeht leicht ansteigend damit eine eindrucksvolle Schlucht mit schönem Blick auf St. Magdalena. Eine Bank lädt zu einer kurzen Rast mit Blick talauswärts ein. Weiterhin durch Wald führend macht der Weg einen weiten Linksbogen und führt nun in leichtem Auf und Ab entlang des Hangs des Plavatscher Kofels Richtung Osten. Der Pfad ist schmal, doch dank des Waldbodens angenehm zu laufen. Immer wieder bieten sich zwischendurch schöne Blicke auf die Geislerspitzen und die Gampenwiesen, später auch auf die Zanser Alm. **Abzweigungen nach St. Magdalena** 08 werden ignoriert.

Abstieg zur Zanser Alm: Auf Höhe des Parkplatzes folgt man dem Wegweiser Richtung Zanser Alm: In vielen Kehren geht es auf **Weg 32B** 09 zunächst sehr steil, später moderater die letzten 200 Höhenmeter talwärts zur **Strickneralm** 10, wo man auf den Erlebnisweg Zans stößt. Dort geradeaus die Abkürzung zur Straße (rechts vom Zaun des Wildgeheges) nehmen und auf dem Erlebnisweg zurück zum **Parkplatz** 01 wandern.

TULLEN • 2653 m

Durch die Aferer Geisler auf dem Günther-Messner-Steig

12,9 km | 5:45 h | 1226 hm | 1226 hm | 672

START | (kostenpflichtiger) Parkplatz Zanser Alm [GPS: UTM Zone 32 x: 711.684 m y: 5.168.421 m]
CHARAKTER | Einfache Wanderung auf Steigen, zum Gipfel kurze seilversicherte Passage, die letzten Höhenmeter über einen Felskamm verlangen Trittsicherheit und Schwindelfreiheit.

Der Tullen ist einer der vier Hauptgipfel der Aferer Geisler und ein relativ leicht zu besteigender Berg. Der Weg zum Gipfel führt über den Oberen Herrensteig (siehe Tour 47).

Aufstiegsroute: Bis zur **Abzweigung auf den Günther-Messner-Steig** 05 (Wegweiser Tullen) wandert man auf dem Oberen Herrensteig (siehe Tour 52).

Zum Tullen: Über die Wiesen (links und rechts lassen sich Edelweiße finden) führt der Weg an den eindrucksvollen Hängen und Felstürmen des Weißlahngrats entlang zu einer **Scharte** 06 unterhalb eines markanten Felsturms mit schönem Blick Richtung Plose. Schon bald kommt der Gipfel des Tullen in Sicht. Durch dessen Geröllhalden führt der Weg weiterhin ansteigend zu einem **Wegkreuz** 07, wo der Weg zum Tullen abzweigt. Ein Felsabsatz zu einem Sattel unterhalb des Gipfels ist seilversichert, die letzten Meter zum Gipfelkreuz

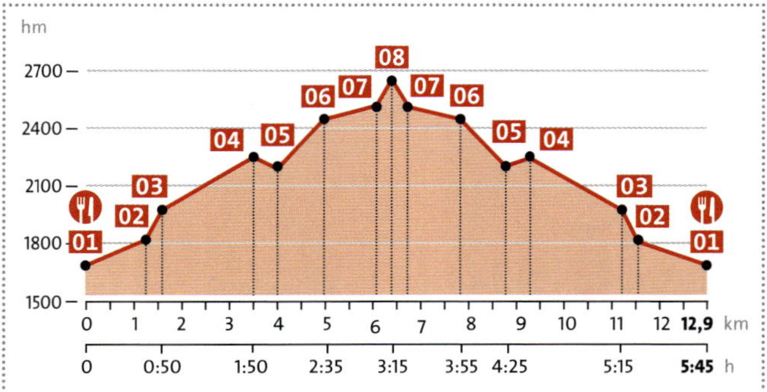

01 1680 m, Parkplatz Infohäuschen; 02 1837 m, Abzweig Wege 25 und 32; 03 1972 m, Abzweig Unterer Herrenweg/32; 04 2250 m, Kofelalm; 05 2203 m, Abzweigung auf den Günther-Messner-Steig; 06 2450 m, Scharte; 07 2530 m, Abzweig zum Gipfel; 08 2653 m, Gipfel des Tullen

An der Scharte unterhalb des Weißlahngrats

Der Weg über die Schutthänge lässt sich hier schon gut erkennen

Die letzten Meter zum Gipfel

führen über einen relativ exponierten Grat in leichter Kletterei (unversichert). Vom **Gipfel** 08 genießt man einen eindrucksvollen Blick auf die Türme des Weißlahngrats bzw. auf den weiteren Verlauf des Günther-Messner-Steigs (Klettersteig), der über den Welschen Ring und die Ringspitz zum Dolomiten-Höhenweg zwischen Peitlerkofelscharte und Schlüterhütte führt. Bis zur Hütte sind es über den Klettersteig etwa 2:15 Std. (5,3 km).

Abstieg: Zurück geht es über den beschriebenen Hinweg.

Abstieg über Unteren Herrenweg: Wer ausdauernd genug ist, kann alternativ auf dem Oberen Herrensteig Richtung Westen absteigen und über den Unteren Herrenweg (siehe Tour 52) zurück zum Parkplatz wandern (ca. 3:15 h/8,7 km).

Auf dem Rückweg mit Blick zur Scharte am Weißlahngrat

Inner-
palmschoß
Gamswiesen
Oberhaus Pfink
2213
Kalkofenhütte
1711
ehem. Ka
ex fornac
Kerer Kreuzl
1975
2004
Schatzerhütte
Rif. Schatzer
Guflanegg
1963
Peckolber Joch Alm
2050
Lärchwiesen
1940
Peitlerknappenhütte
Enzianhütte
Sader Alm
Molser Wiese
Drockeralm
Müllerialm
Piskoier Böden
Rungatscher
Wiese
Gampenwald
Güflboden
Edelweißhütte
Halslhütte
Piskoialm
1867
Gstrend
Halsl
Pso Rodella
Rodelalm
Weiherkofel
Russischügel
Col Rodella
1975
Russiskreuz
Croce Russis
1729
Russisbrücke
P.te Russis
Ritzen-Rodel
Tullen
2653
Weißlahngrat
C. Lavina Bianca
2494
Kälbergarten-
spitze
2331
2638
2599
Ringspitz
2625
Villnößer Geisler
Odle di Funes
Col Magrei
2163
Schäferhtt.
2139
1909
Aferer Geisler
Odle d'Eores
Berg
Kaserillalm
1920
Zanser Alm
Zendleser
Sass Rigais 1689
1975
Gampenwiese
Gampen-
alm
2062
Zanseralm
Rif. Zanes
1685
Zanser
Schwaige
Kreuzbühl
1993
1902
Glatschalm
Juval
2454
Duslerhütte
1782
Tschantschenon
1928
2293
Geisler Alm
1996
Gschnagenhardt-
alm
2006
Campiller Turm
2599
2356
Weißbrunn
Font. Bianca
Sas dal Ega
2924
2610
1952
3030
Furchetta
3025
2967
Sas Rigais
Torkofel
Sas dla Porta
Forcela dal Ega
Wasserscharte
2642
Mittagsscharte
Forc. de Mesdì
Gr. Odla
2597
2832
2762
Kl. Fermeda
2814
2873
Gr. Fermeda
Sass Mesdi
2490
Piz Dule
0
500 m
01
02
03
04
05
06
07
08
53

VIA ALTA DELLE DOLOMITI 2

In vier Tagen vom Villnößtal zur Marmolada

43,6 km 18:40 h 3452 hm 3125 hm 59 076

START | Bergstation Col Raiser, St. Christina
[GPS: UTM Zone 32 x: 710.328 m y: 5.162.711 m]
CHARAKTER | Meist mittelschwerer Steig, zwischendurch einige seilversicherte Passagen, die Trittsicherheit und Schwindelfreiheit erfordern. **Routenverlauf auf der beigelegten Karte.**

Etappe 1: Bergstation der Col-Raiser-Bahn – Panascharte – Adolf-Munkel-Weg – Schlüterhütte
Charakter: mittelschwer.
Länge: 12,4 km/Aufstieg: 1000 m/ Abstieg: 800 m/Gehzeit: 4:50 h

Von der **Bergstation** **01** führt die Wanderung zunächst gemütlich hinauf zur **Panascharte** **02**, dann durch diese steil bergab zum **Adolf-Munkel-Weg** **03**. Von dort wandert man zu Füßen der imposanten Nordwände der Geislerspitzen zur **Schlüterhütte** **04**. Hier trifft man auf den Höhenweg 2.

Etappe 2: Schlüterhütte – Roa-Scharte – Nives-Scharte – Puezhütte
Charakter: mittel bis schwer; der Klettersteig erfordert eine gewisse Grundkenntnis im Klettern.

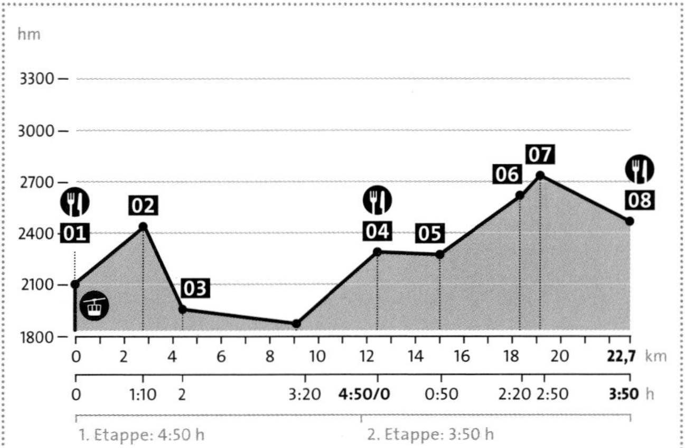

01 2106 m, Bergstation Col Raiser; **02** 2447 m, Panascharte; **03** 1977 m, Adolf-Munkel-Weg; **04** 2306 m, Schlüterhütte; **05** 2203 m, Kreuzjoch; **06** 2617 m, Roa-Scharte; **07** 22740 m, Nives-Scharte; **08** 2475 m, Puezhütte

Blick ins U-förmige Langental vom Höhenweg östlich der Puezhütte

Länge: 10,3 km/Aufstieg: 766 m/ Abstieg: 590 m/Gehzeit: 3:50 h

Von der **Schlüterhütte** **04** führt der Höhenweg über das Bronsoi- und **Kreuzjoch** **05**. Der Schlussanstieg zur **Roa-Scharte** **06** ist steil, dann folgt ein leichter Klettersteig hinauf zur **Nives-Scharte** **07** und weiter zur **Puezhütte** **08**.

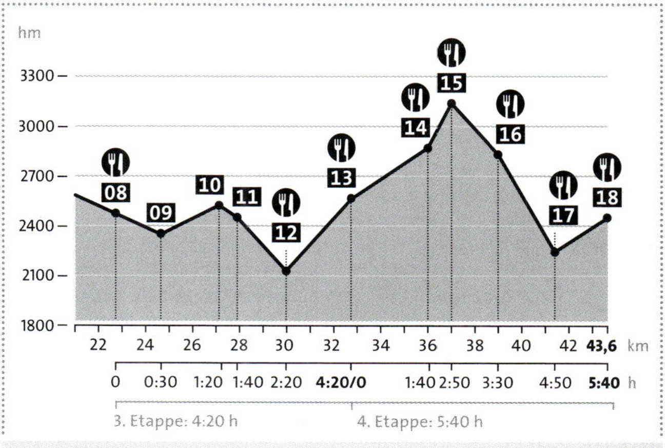

08 2475 m, Puezhütte; **09** 2366 m, Ciampeijoch; **10** 2528 m, Crespeina-Joch; **11** 2462 m, Cirjoch; **12** 2121 m, Rifugio Frara; **13** 2585 m, Pisciadù-Hütte; **14** 2873 m, Rifugio Boè; **15** 3152 m, Piz Boè; **16** 2848 m, Rifugio Forcella Pordoi; **17** 2239 m, Passo Pordoi; **18** 2463 m, Rifugio Viel dal Pan

Von München nach Venedig

Die vierwöchige Wanderung auf dem Via Alta delle Dolomiti 2 beginnt in München und führt durch das Voralpenland, das Karwendel, über die Zentralalpen sowie die nördlichen und südlichen Dolomiten ins italienische Voralpenland. Durch die Piave-Ebene geht es schließlich an die Adria und von dort mit dem Schiff bis nach Venedig. Wichtige Informationen zur Planung, der Ausrüstung und zur Durchführung der Alpenüberquerung findet man auf der privaten Homepage von Eva-Maria Troidl und Stefan Lenz (siehe unten).
Start: Marienplatz/München
Ziel: Markusplatz in Venedig
Länge: 554 km
Aufstieg: 22.200 Hm
Abstieg: 25.000 Hm
Etappen: 29 (3–9 h/Tag)
www.muenchenvenedig.de

Alternative ohne Klettersteig
Durch das Roa-Tal talwärts Richtung Regensburger Hütte wandern, dann Aufstieg Siëles-Scharte und nach links auf dem Kammweg bis zur ersten Abzweigung zur Hütte und auf diesem Weg zur **Puezhütte 08**.

Etappe 3: Puezhütte – Grödner Joch – Pisciadù-Hütte
Charakter: mittel bis schwer; mit Ausnahme des Klettersteigs im oberen Teil des Val Setus keine großen Schwierigkeiten. Nachmittags kommt es am Klettersteig häufig zu Staus, weil die Tagesgäste von der Pisciadù-Hütte zum Grödner Joch absteigen!

Blick zum pyramidenförmigen Gipfelaufbau des Piz Boè

Länge: 9,9 km/Aufstieg: 829 m/ Abstieg: 717 m/Gehzeit: 4:20 h

Von der **Puezhütte 08** umrundet man zunächst den Talschluss des Langentals und überquert dann bis zum Grödner Joch gleich drei Jöcher: **Ciampeijoch 09**, **Crespeina-Joch 10** und **Cirjoch 11**. Vom Grödner Joch/ Rifugio Frara **12** führt der Höhenweg durch das Val Setus hinauf zur **Pisciadù-Hütte 13** (siehe Tour 23).

Etappe 4: Pisciadùhütte – Piz Boè – Pordoijoch – Rifugio Viel dal Pan
Charakter: mittel bis schwer; auf dem Weg zum Piz Boè und hinunter zur Forcella Pordoi einige Felspassagen mit Seilsicherung (Trittsicherheit/Schwindelfreiheit sind erforderlich). Der Abstieg zum Pordoijoch ist im oberen Teil sehr steil. Bergeinsamkeit sucht man auf dieser Etappe über das Sella-Plateau meist vergebens. Solange die Seilbahn auf den Sas de Pordoi fährt, machen sich zumindest an

Blick vom Piz Boè zum Pandonkamm, über den der Bindelweg verläuft, im Hintergrund der Gletscher der Marmolada

Bindelweg (Viel dal Pan)

Der Steig Nr. 601 zählt zu den schönsten Panoramawegen der Dolomiten, verläuft er doch zwischen Sellastock und der Marmolada. Er folgt einem alten Handelsweg vom oberen Val di Fassa (Passo Pordoi) ins Val di Cordevole, zieht sich entlang der Südseite des Pandonkamms und endet schließlich am Lago di Fedaia. Seinen ladinischen Namen – „Weg des Brotes“ – verdankt der Steig den Mehlhändlern aus der Provinz Belluno, die ihr Mehl so auf schnellstmöglichem Weg in die ladinischen Täler Val di Fassa und Gröden transportieren konnten.
Weg: Sasso Pordoi – Rifugio Fredarola (45 Min.) – Lago di Fedaia (1:45 h), Länge: 6 km, Gehzeit: 2:30 h

Schönwettertagen viele Tagestouristen auf den Weg zum Piz Boè.
Länge: 11,3 km/Aufstieg: 857 m/ Abstieg: 1018 m/Gehzeit: 5:40 h

Querung des Sellastocks (Wegbeschreibung siehe Tour 23): Von der **Pisciadù-Hütte** **13** geht es hinauf aufs Hochplateau zum **Rifugio Boè** **14** und von dort weiter zum Gipfel des **Piz Boè** **15**. Von dort sind es 300 hm hinunter zum **Rifugio Passo Pordoi** **16**. Der folgende Abstieg zum **Passo Pordoi** **17** ist steil. Vom Pass wandert man rund 200 hm hinauf auf den grünen Pandonkamm. Oben angekommen folgt man dem Bindelweg (Viel del Pan) zum **Rifugio Viel dal Pan** **18**. Die Hütte (www.rifugiovieldalpan.com) liegt genau gegenüber der Marmolada.

HÜTTENTOUR SEISER ALM UND LANGKOFELGRUPPE

Gemütliche Zweitagestour im Osten der Hochalm

31,7 km | 10:30 h | 1610 hm | 1985 hm | 59 076

START | Bergstation Umlaufbahn Seiser Alm, St. Ulrich [GPS: UTM Zone 32 x: 344.015 m y: 5.274.244 m]
CHARAKTER | Auf der Seiser Alm teilweise Teerstraßen, sonst gut ausgebaute Wanderwege und auf die Scharten Steige.
Routenverlauf auf der beigelegten Karte.

Unterwegs auf dem Friedrich-August-Weg von der Plattkofelhütte zum Sellajoch

Die zweitägige Hüttentour ist eine Kombination der Touren 24, 21 und 19. Dabei wird zunächst die Seiser Alm von Nord nach Süd durchquert. Mit der Überschreitung der Rosszahnscharte und der Ankunft an der Tierser Alpl Hütte steht man am Eingang zum Rosengarten. Die Wanderung zeigt die ganze Vielfalt der Dolomiten: blühende Bergwiesen, felsige Kare, Felsnadeln und steile Wände, aber auch aussichtsreiche Panoramawege. Von der Plattkofelhütte aus können Konditionsstarke noch den Plattkofel besteigen, entweder am späten Nachmittag oder frühmorgens (siehe Tour 29).

Etappe 1: Von der Seiser Alm zur Plattkofelhütte

Charakter: Mittelschwere Wanderung, lediglich der Aufstieg zur Rosszahnscharte erfordert etwas Trittsicherheit, die Wege über die Alm und der Friedrich-August-Weg sind leicht zu begehen.
Länge: 16,9 km/Aufstieg: 895 m
Abstieg: 595 m/Gehzeit: 5:10 h
Wegbeschreibung: siehe Tour 30

Etappe 2: Umrundung des Plattkofelmassivs

Charakter: Mittelschwerer Wanderweg, der Aufstieg zur **Toni-**

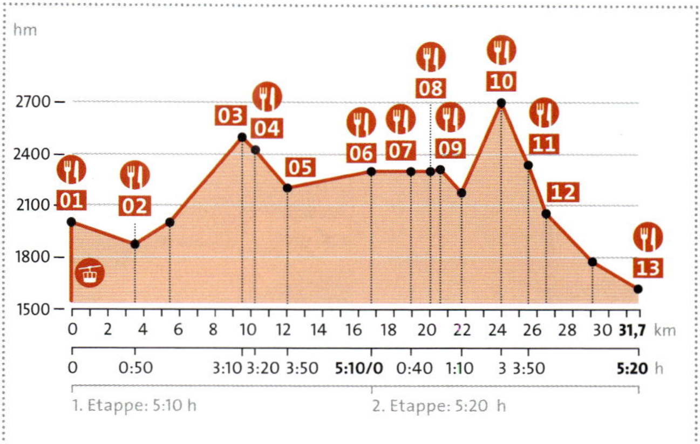

01 2006 m, Bergstation; **02** 1872 m, Ritsch-Schwaige; **03** 2497 m, Rosszahnscharte; **04** 2440 m, Tierser Alpl Hütte; **05** 2204 m, Mahlknechtjoch; **06** 2300 m, Plattkofelhütte; **07** 2300 m, Rifugio Sandro Pertini; **08** 2298 m, Friedrich-August-Hütte; **09** 2180 m, Sellajoch; **10** 2710 m, Toni-Demetz-Hütte; **11** 2337 m, Langkofelhütte; **12** 2081 m, Santner Weg; **13** 1630 m, Parkplatz Monte Pana

Demetz-Hütte (530 Hm) ist anstrengend, der beliebte und viel begangene Abstieg durchs Langkofelkar zur Langkofelhütte erfordert Trittsicherheit. Der Friedrich-August-Weg und der Abstiegsweg zum Parkplatz Monte Pana sind leichte Bergwege.
Länge: 14,8 km/Aufstieg: 714 m/ Abstieg: 1389 m/Gehzeit: 5:20 h
Wegbeschreibung: siehe Tour 28 und Tour 30.

Vom Parkplatz Monte Pana kann man mit dem Bus oder Sessellift zurück nach St. Ulrich fahren.

Ein Tipp: Wer den Friedrich-August-Weg so richtig genießen will, sollte frühmorgens an der Plattkofelhütte aufbrechen, um erst möglichst spät auf die ersten entgegenkommenden Wanderer zu treffen.

Das Langkofelkar: Steiler Abstieg von der Toni-Demetz-Hütte

MEINE TIPPS FÜR

. . . Kulturinteressierte

St. Ulrich: Galeria Unika
Hervorragende Ausstellung in hellen, modernen Räumlichkeiten. Lokale Bildhauer, Holzschnitzer sowie Maler präsentieren jeweils einige Werkstücke. Zusätzlich finden Schnitzvorführungen und Events statt.
Täglich Mo–Sa 10–12 und 14–19 Uhr
Arnaria Straße 9
www.unika.org

Besuch in der Galeria Unika

St. Ulrich: ART52 Musterschau des Grödner Kunsthandwerks
52 Aussteller geben im Erdgeschoss des Kongresshauses einen Überblick über ihre Arbeit in den Bereichen Holzbildhauerei und Holzschnitzerei.
Täglich 9–22 Uhr
Via Rezia 1
www.art52.it/deu.htm

Historische Höfe
Sehenswerte alte Bauernhöfe finden sich auf der sonnenbeschienenen Nordseite Grödens, z. B. in Plesdinac, Runcadië, Praplan und Sacun. Die Paarhöfe Crëpa und Paratoni – beide in St. Christina – werden noch heute von mehreren Familien bewohnt. Weitere historische Hofstellen sind die Ulëta-Höfe in St. Christina und der Hof Peza östlich von St. Jakob.

Hof in St. Christina

. . . Naturfreunde

Naturparkhaus Puez-Geisler
Das Zentrum des Naturparks Puez-Geisler steht im Ortszentrum und gliedert sich in die Bereiche „Berge anfassen", „Wunderkammer Natur" und „Berge erobern". Das „Bergkino" bietet ein Tages- und Wochenprogramm und den „Naturparkfilm Puez-Geisler". Die Exponate dürfen angefasst werden. Mai–Okt., Ende Dez.–Ende März Di–Sa 9.30–12.30, 14.30–18 Uhr, Juli und Aug. auch So
St. Magdalena, Trebich 1
https://naturparks.provinz.bz.it

Mineralienmuseum in Teis
Die Privatsammlung des Mineraliensuchers Paul Fischnaller zeigt neben regionalen auch Funde aus der gesamten Alpenregion. Besonders sehenswert sind die „Teiser Kugeln" (Geoden und Achatmandeln), in der

Grödens Holzschnitzer

Grödens Holzschnitzer und ihre aus Zirbenholz gefertigten Skulpturen, Krippenfiguren, Engel und Heiligen sind weltweit bekannt. Seit über 350 Jahren schnitzen die Grödner und haben ihre Techniken immer weitergegeben. Geboren wurde die Kunst aus der Not heraus: Von den Erträgen der Bergböden und der Vieh- und Milchwirtschaft konnten die Familien nicht mehr leben. So begannen sie im 15. Jh. damit, über die Winter hinweg Holzspielzeug und Alltagsgegenstände zu schnitzen, die im Frühjahr auf Märkten verkauft wurden. Im 17. Jh. begann dann die Zeit der Kunsthandwerker, die sich auf sakrale Kunst spezialisierten. Der Bau der Grödner Straße und der Bahntrasse (Mitte des 19. Jh.) ermöglichten den schnelleren Verkauf der Arbeiten. 1872 wurde eine erste Schnitzschule gegründet. Um 1900 genossen die Grödner einen hervorragenden Ruf als Hersteller von Schnitzaltären. Noch heute leben rund 10 % der Einheimischen von der Jahrhunderte alten Tradition. Über die Geschichte und die Kunsthandwerker informiert die Seite: www.holzschnitzereien.net.

bis zu sieben verschiedene Mineralien verborgen sind. Angeboten werden auch Exkursionen mit Geoden-Suche.
Ostern bis Allerheiligen Di–Fr 10–12, 14–16 Uhr, Sa und So 14–17 Uhr
www.mineralienmuseum-teis.it

. . . Kinder

Erlebnis Hochseilweg in St. Ulrich
Liegt in der Nähe der Seceda-Bahn im Val d'Anna und bietet u. a. einen Kinderparcours (4–12 Jahre). Eines der Highlights ist die 680 m lange FLY Line.
Mitte Juni – Mitte Sept. 10–19 Uhr
www.coldeflam.it

Barfuß- und Erlebnisweg Hexenweg
In der Nähe des Hotels Tirler in Saltria lässt sich die Natur mit allen Sinnen erleben. Der insgesamt 2,5 km lange Rundgang (1:30 Std.) ist mit verschiedenen Stationen bestückt.
www.hexenquellen.it

. . . Genießer

Villnösser Brillenschaf
Eine biologische und kulinarische Besonderheit des Tals ist das Brillenschaf, die älteste Schafrasse Südtirols. Verarbeitet werden Wolle und Fleisch. Im Herbst bieten einige Restaurants, Berggasthöfe und Almen Köstlichkeiten vom Lamm an.

Knödeltris und Schlutzkrapfen
Zu den Südtiroler Spezialitäten zählt Knödeltris, das auf vielen Almen und Hütten gekocht wird: Speck-, Spinat- und Kasknödel werden in Butter und mit Parmesankäse serviert. Schlutzkrapfen (Casunziei) sind eine Art Ravioli mit Spinat-Topfen-Füllung, die ebenfalls mit brauner Butter und Parmesan serviert werden.

Grödental/Grödnertal
Im Tal liegen die drei Gemeinden St. Ulrich, St. Christina und Wolkenstein. Lajen am Eingang des Tals gehört administrativ zur Gemeinde Waidbruck. Entlang des Grödner Bachs verläuft die Gemeindegrenze zwischen Kastelruth und St. Ulrich, alle südlich des Bachs gelegenen Weiler wie Pufels sowie die Seiser Alm gehören zu Kastelruth.

Lajen/Laion
1100 m, Gemeinde im unteren Eisacktal mit den Weilern St. Peter, Freins, Tschöfas, Ried und Albions. Schöne Blicke auf Langkofel, Sella und Schlern sowie ins Eisacktal. Sehenswert: Gotische Liebfrauenkirche, Pfarrkirche zum hl. Stephanus und Laurentius (19. Jh.) und Dorfplatz in Lajen, Pfarrkirche in St. Peter und Vogelweiderhof in Ried.
www.lajen.info

St. Ulrich/Ortisei/Urtijëi
1236 m, 5791 Einw. Hauptgemeinde von Gröden. Ladinischer und italienischer Name gehen auf den Hof „Ortiseyt" zurück, der urkundlich erstmals im 13. Jh. erwähnt wird und einer der ältesten im Tal ist. Sehenswert: schöner Ortskern, barocke Pfarrkirche zum hl. Ulrich (1793–96) sowie die Antoniuskirche am Hauptplatz. Außerdem die denkmalgeschützten Gebäude Villa Martiner, Haus Lusenberg, Villa Hohenwart, Villa Grohmann, Engelsburg, Cesa Bruma, Villa Venezia und Gasthaus Sneton.
www.ortisei.com

St. Christina in Gröden/ Santa Cristina Val Gardena/ Santa Crestina Gherdëina
1428 m, 1900 Einw. Mittlerer Talort am Fuß des Langkofels. Der älteste Hof im Ort ist wahrscheinlich der Hof Ulëta. Sehenswert: Kirche zur hl. Christina (Wallfahrtskirche, 12. Jh.), Sonnenuhr auf dem Monte Pana (sphärische Äquatorial-Sonnenuhr mit einem Durchmesser von 2 m) sowie die moderne Bergkapelle auf dem Monte Pana.
www.sanktchristina.eu

Wolkenstein in Gröden/Selva di Val Gardena/Sëlva Gherdëina
1563 m, 2642 Einw. Ort am Talschluss unterhalb von Grödner Joch und Sellajoch. Sehenswert: Pfarrkirche „Maria Hilf" mit moderner oktogonaler Form und Gnadenbild von Lucas Cranach,

Grödnerbahn

Die 31,4 km lange Schmalspurbahn von Klausen nach Wolkenstein wurde 1915/16 als Heeresfeldbahn in weniger als 5 Monaten von 10.000 Arbeitern (u. a. russischen Kriegsgefangenen) errichtet. Zwischen Klausen und Wolkenstein musste ein Höhenunterschied von 1093 m überwunden werden, dazu waren ein Kehrviadukt in Klausen und zahlreiche Tunnel notwendig. Die maximale Steigung lag bei 5,1 %. Die Bahn führte über Lajen, St. Peter und St. Ulrich nach Wolkenstein-Plan. Für die Strecke brauchte der Zug 2,5 Std. 1960 fuhr die letzte Bahn auf der Strecke, die dann zurückgebaut und seither als Straße oder Wanderweg (Bahnweg) genutzt wird. In St. Ulrich erinnert eine Lokomotive an diese Zeit.

Die Pfarrkirche St. Magdalena inmitten der bäuerlichen Kulturlandschaft

die Bergopfer-Gedächtniskapelle auf dem Friedhof, die Burgruine Schloss Wolkenstein sowie die Sylvesterkapelle am Eingang zum Langental.
www.valgardena-groeden.com

Pufels/Bulla/Bula
1480 m, ca. 180 Einw. Fraktion der Gemeinde Kastelruth, schöner Blick auf St. Ulrich. Sehenswert: Dorfkirche St. Leonard (im Kern 13. Jh., später gotisiert, dann barockisiert) und die alten Getreidemühlen (18.–19. Jh.). Die Rumanon-Mühle wurde 1999 restauriert und ist nun wieder voll funktionsfähig (Führungen).

Villnößtal

Im noch recht ursprünglichen Villnößtal liegen drei größere Orte: Teis im unteren, St. Peter im mittleren und St. Magdalena im hinteren Talabschnitt.

St. Peter/ San Pietro
1150 m, Gemeinde mit dem Ortsteil Pitzack/Pizzago. Sehenswertes: Pfarrkirche Peter und Paul (Ende 18. Jh.) mit spätbarocken Deckenmalereien und 65 m hohem Turm; Kirche St. Jakob (1265 m). Schöne Aussichtspunkte mit Blick über das Tal.

St. Magdalena
1340 m; Sehenswertes: historisches Gebäudeensemble mit Kirche, Mesnerhaus, Schulhaus und Obermesnerhof. Der außerhalb des Ortes liegende Ranuihof (14. Jh.) zählt zu den ältesten Höfen des Tales. Im 17. Jh. wurde er von seinen Besitzern zu einem Jagdschlösschen ausgebaut. Seit 260 Jahren ist der Hof im Besitz der Familie Runggatscher, die ihn heute wieder als bäuerlichen Betrieb bewirtschaftet. An die herrschaftlichen Zeiten erinnern restaurierte Wandgemälde mit Jagd- und Küchenszenen im ersten Stock des Hauses. Zu den meistfotografierten Motiven Südtirols zählt das Kirchlein St. Johann (1744) auf den Ranuiwiesen vor der malerischen Kulisse der Geislerspitzen.

HÜTTEN MIT ÜBERNACHTUNGSMÖGLICHKEIT

Die Pisciadù-Hütte auf der Nordseite des Sellastocks

Ein Blick in die Geschichte
Zu Beginn des Ersten Weltkriegs unterhielten der Deutsche und Österreichische Alpenverein 19 Schutzhütten in Südtirol. Diese hatten z. T. wichtige militärstrategische Bedeutung im Ersten Weltkrieg. Als mit Kriegsende Südtirol an Italien fiel, wurde der Alpenverein enteignet, die Hütten dem italienischen Kriegsministerium zugeschlagen. Dieses übergab einige der Hütten Anfang 1921 an den italienischen Alpenverein C.A.I. Das erklärt, warum heute einige Hütten sowohl einen deutschen (alten) als auch einen italienischen (neuen) Namen tragen, wie etwa die Bamberger Hütte (Rifugio Boè) oder die Regensburger Hütte (Rifugio Firenze).

2011 gingen 25 Schutzhütten vom Staat an das Land Südtirol über, die Konzession des C.A.I. für diese Häuser lief 2010 aus. 2015 wurde ein Vertrag zwischen dem Land, dem AVS und dem CAI geschlossen, die Hütten werden zukünftig von einer paritätisch besetzten Kommission verwaltet.

Rif. Boè/Bamberger Hütte (2871 m)
C.A.I., 69 Schlafplätze, Ende Juni bis 20. Sept.; Tel. 0471/847303, 0462/602141
www.rifugioboe.it

Gasthof Frara/Rifugio Frara (2121 m)
privat, 38 Schlafplätze
Tel. 0471/795225, www.rifugiofrara.it

Brogleshütte/Rifugio Malga Brogles/Ütia de Bredles (2045 m)
privat, 26 Schlafplätze, Ende Juni bis 30. Sept.; Tel. 0471/655642

Dibaita-Puflatschhütte/Rifugio Bullaccia (1950 m)
AVS, 34 Schlafplätze, Mitte Juni bis Mitte Okt.; Tel. 0471/729090
www.dibaita-puflatschhuette.com

Fassahütte/Capanna Fassa (3152 m)
privat, Mitte Juni bis Ende Sept.; Tel.

336/452523 oder 0462/601723 (Hütte), www.rifugiocapannapizfassa.com

Gampenalm/Malga Gampen (2062 m)
privat, 30 Schlafplätze; Ende Mai bis Ende Okt.; Tel. 348/2721587 www.gampenalm.com

Langkofelhütte/Rifugio Vicenza (2256 m)
C.A.I., 69 Schlafplätze, Mitte Juni bis Ende Sept.; Tel. 0471/792323 www.rifugiovicenza.com

Pisciadù-Hütte/Rifugio Franco Cavazza al Pisciadù (2585 m)
C.A.I., 100 Schlafplätze, Anf. Juli bis Mitte Okt.; Tel. 0471/836292, 335/6096141, www.rifugiopisciadu.it

Plattkofelhütte/Rif. Sasso Piatto (2300 m) privat, 78 Schlafplätze, Juni bis Mitte Okt.; Tel. 0462/601721, 0334/9569626, www.plattkofel.com

Puezhütte/Rifugio Puez (2475 m)
C.A.I., 85 Schlafplätze, Mitte Juni bis Ende Sept.; Hütten-Tel. 0474/646427, www.rifugiopuez.it

Raschötzhütte/Rif. Rasciesa (2170 m)
C.A.I., 40 Schlafplätze, Mitte Mai bis Mitte Okt.; Tel. 328/3345986, www.rifugioresciesa.com

Regensburger Hütte/Rifugio Firenze in Cisles (2040 m) C.A.I., 90 Schlafplätze, 1. Juni bis Mitte Okt.; Tel. 0471/796307, www.rifugiofirenze.com

Schlüterhütte/Rif. Genova (2306 m)
C.A.I., 90 Schlafplätze, Mitte Juni bis Mitte Okt.; Tel. 0472/670072 (Hütte), 347/2667694, www.schlueterhuette.com

Rifugio Forcella Pordoi (2848 m)
privat, 30 Schlafplätze, Ende Juni bis Ende Sept.,Tel. 0462/767500, 368/3557505; ww.rifugioforcellapordoi.com

Schutzhaus Mahlknechthütte/ Rifugio Molignon (2056 m)
privat, 56 Schlafplätze, Ende Mai bis Ende Okt. Tel. 0471/727912 www.mahlknechthuette.com

Schutzhaus Tierser Alpl/ Rifugio Alpe di Tires (2440 m)
privat, 127 Schlafplätze, Mitte Juni bis Ende Sept. Tel. 0471/727958 (Hütte), 333/6546865; www.tierseralpl.com

Toni-Demetz-Hütte/Rifugio Toni Demetz (2685 m)
privat, 24 Schlafplätze, Mitte Juni bis Anfang Okt.; Tel. 0471/795050, 335/6586796, www.tonidemetz.it

Valentini-Hütte/Rif. Carlo Valentini (2218 m)
privat, 45 Schlafplätze, Tel. 0462/601183; 339/8482308, www.rifugiocarlovalentini.com

ÜBERNACHTUNGSVERZEICHNIS

€ unter 30 EUR €€ 30 – 60 EUR €€€ über 60 EUR
(pro Pers./DZ/incl. Frühstück)

Lajen .... Plz 39040, Tel. +39/0471
Hatzes Apartments €, Tschöfas 2, Tel. 655684, www.hatzes.it
Gasthof zur Krone €-€€, Dorfplatz 13, Tel. 655635, www.lajen.com
Ansitz Zehentner €€, Dorfplatz 8, Tel. 655040, www.zehentnerhof.com
Gasthof zur Sonne Al Sole €€, Walther von der Vogelweide Str. 35, Tel. 1550705, www.zursonne.it
Hotel Andechserhof €€, Walther von der Vogelweide Str. 28, Tel. 655694, www.andechserhof.it
Hotel Überbacher €€-€€€, St. Peter 6, Tel. 655639, www.ueberbacher.com

St. Ulrich .... Plz 39046, Tel. +39/0471
Pension Pichler €€, Via Socrep 17, Tel. 796873, www.pensionpichler.com
Hotel Digon €€-€€€, Via Digon 22, Tel. 797266, www.hoteldigon.com
Garni Dolomitenblick €€-€€€, Strada Mureda 111, Tel. 796044, www.garnidolomitenblick.com
Hotel Ansitz Jakoberhof €€€, Str. Sacun 107, Tel. 796344, www.jakoberhof.com
Hotel Cavallino Bianco Grand Hotel €€€, Strada Rezia 22, Tel. 783333, www.cavallino-bianco.com
Hotel Pinei €€€, St. Michael 37/1, Kastelruth, Tel. 700009, www.panidersattel.com
Hotel Uhrerhof Dëur €€€, Pufels 26, Tel. 797335, www.uhrerhof.com
Sporthotel Platz €€€, Pufels 12, Tel. 796935, www.sporthotelplatz.com

St. Christina .... Plz 39046, Tel. +39/0471
Pension Dolomieu €€, Col da Messa 13, Tel. 338/7929493, www.dolomieu.com
Pension Grohmann €€, Str. Sacun 12, Tel. 793443, www.grohmann.info
Hotel Mirabel €€, Str. Skasa 5, Tel. 797037, www.miralbel.it
Alm-Hotel Col Raiser €€€, Tel. 796302, www.colraiser.com
Appartments Elisabeth €€-€€€, Str. Val 103, Tel. 338/8148258
Charme-Hotel Uridl €€€, Str. Chemun 43, Tel. 793215, www.uridl.it
Sporthotel Monte Pana €€€, Strada Pana 45, Tel. 793600, www.montepana.it
Vitalpina Hotel Dosses €€€, Via Dursan 115, Tel. 793326, www.dosses.it

Wolkenstein .... Plz 39048, Tel. +39/0471
Pension Daniel €€-€€€, Via Daunëi 61, Tel. 795570, www.pension-daniel.com
Villa Cësanueva €€-€€€, Str. Mëisules 300, Tel. 795425, www.cesanueva.com
Hotel Mëisules €€€, Via Plan de Gralba 29, Tel. 334/7406083, www.hotelmeisules.com
Hotel Miravalle €€€, Via Dantercepies 51, Tel. 795166, www.hotelmiravalle.it
Hotel Oswald €€€, Via Meisules 140, Tel. 795151, www.hoteloswald.com
Hotel Wolkenstein €€€, Str. Meisules 22, Tel. 795235, www.wolkenstein.it

Seiser Alm .... **Plz 39040, Tel. +39/0471**
Berghaus Zallinger €€, Saltria 74, Tel. 727947, www.zallinger.com
Malider Schwaige €€-€€€, Saltria 57, Kontakt: Obermalid, St. Oswald 9, Tel. 338/3808046, www.obermalid.com/wohnen/malider-schwaige/
Gstatschhof €€€, Seiser-Alm-Weg 39, Tel. 727814, www.gstatschhof.com
Hotel-Berggasthof Monte Piz €€€, Seiseralm 18/2, Tel. 729000, www.montepiz.com
Hotel Brunelle €€€, Saltria 39, Tel. 727940, www.hotel-brunelle.com
Hotel Goldknopf €€€, Jochstraße 18, Tel. 727915, www.goldknopf.com
Hotel Panorama €€€, Jochstraße 10, Tel. 727968, www.alpenhotelpanorama.it
Hotel Paradiso €€€, Jochstraße 17, Tel. 727905, https://paradiso-pure.com
Hotel Ritsch €€€, Saltria 16, Tel. 727910, www.ritschschwaige.com
Hotel Saltria €€€, Saltria 36, Tel. 727966, www.saltria.com
Hotel Santner €€€, Jochstraße 6, Tel. 727913, www.hotelsantner.com
Hotel Steger Dellai €€€, Saltria 6, Tel. 727964, www.hotelsteger-dellai.com
Hotel Tirler €€€, Saltria 59, Tel. 727927, www.hotel-tirler.com
Sporthotel Floralpina €€€, Saltria 50, Tel. 727907, www.floralpina.com
Sporthotel Sonne €€€, Piz 6, Tel. 727000, www.sporthotelsonne.com
Vitalpina Hotel Icaro €€€, Piz 18/1, Tel. 729900, www.hotelicaro.com

Villnöß-St. Magdalena .... **Plz 39040, Tel. +39/0472**
Gasthof Fermeda €, Bergerweg 23, Tel. 348/9801299, www.fermeda-villnoess.com
Geisleralm €, Tel. 333/75690296, www.geisleralm.com
Berggasthof Glatsch Alm €, Alm/Alpe 10, Tel. 670978, www.glatschalm.com
Berggasthof Pension Sass Rigais €, Alm 2, Zanser Alm, Tel. 679286
Ansitz Ranuihof €€, St. Johann 2, Tel. 339/6044685, www.ranuihof.com
Hotel Fines €€, Kirchweg 1, Tel. 674 200, www.hotelfines.com
Pension Sonia €€, Weiden 12, Tel. 840220, www.pensionsonia.com
Haus Florian €€, Weiden 8, Tel. 840250, www.hausflorian.it
Hotel Ranuimüllerhof €€, St. Johann 1, Tel. 840182, www.ranuimuellerhof.com
Hotel Tyrol €€€, St. Magdalena 105, Tel. 0472/840104, www.tyrol-hotel.eu

Villnöß-St. Peter .... **Plz 39040, Tel. +39/0472**
Raschötzhof €€, St. Peter 134, Tel. 840222, www.raschoetzhof.it
Pension Veltier Hof €€, Vollergnadenweg 3, Tel. 349/4656687, www.pension-veltierhof-villnoess.com
Residence Töglhof €€, Coller Str. 1, Tel. 840169, www.toeglhof.com
Hotel Kabis €€€, Peterweg 14, Tel. 840126, www.hotel-kabis.com

Wichtiger Hinweis zu den Telefonnummern:
Die Landesvorwahl für Italien ist die +39. In Italien ist die Vorwahlnummer ein fester Bestandteil der Rufnummer und muss einschließlich der führenden 0 immer mitgewählt werden. Handynummern wiederum haben generell keine 0 bei Vorwahlnummern.

BERGBAHNEN & ÖFFENTLICHE VERKEHRSMITTEL

Val Gardena Mobil Card und Mobilcard

Die **Val Gardena Mobil Card** bietet die unbegrenzte Benützung aller Busse im Tal. Kostenlos dazu gibt es die **Mobilcard Südtirol**, mit der alle Überland- und Stadtbusse in der Region, einige Bergbahnen um Bozen sowie die Regionalzüge zwischen Brenner und Trient gratis genutzt werden dürfen.
www.valgardena.it; www.mobilcard.info

Seilbahnen und Lifte

Die folgenden Angaben sind nur Richtwerte. Genaue Sommeröffnungszeiten siehe Homepage von Gröden.
www.valgardena.it
www.val-gardena.net/de/aufstiegsanlagen.asp

St. Ulrich: Umlaufbahn Seiser Alm (1265–2005 m)
Tiefgarage, Mitte Mai bis Ende Okt., Tel. 0471/797897
www.funiviaortisei.eu

St. Ulrich: Kabinenbahn Seceda (1250–2453 m)
Stationen Furnes (Umsteigen) und Seceda; Parkplatz; Anfang Juni bis Mitte Okt., Tel. 0471/796531
www.seceda.it

St. Ulrich: Standseilbahn Raschötz/ Resciesa (1304–2122 m)
Keine eigenen Parkplätze. Ende Mai bis Mitte Okt., Tel. 0471/796174
www.resciesa.com

St. Christina: Sessellift Monte Pana (1428–1636 m)
Kleiner Parkplatz, Mitte Juni bis Mitte Sept.

St. Christina: Kabinenbahn Monte Pana – Mont Sëura (1636–2117 m)
Wanderparkplatz, Mitte Juni bis Mitte Sept.

St. Christina: Kabinenbahn Col Raiser (1550–2106 m)
Parkplatz, Juni bis Mitte Okt., Tel. 0471/792089
www.colraiser.it

Wolkenstein: Kabinenbahn Ciampinoi (1450–2254 m)
Mitte Juni bis Ende Sept., Tel. 0471/795313
www.ciampinoi.it

Wolkenstein: Kabinenbahn Dantercëpies (1450–2300 m)
Parkplatz, Mitte Juni bis Mitte Sept., Tel. 0471/795313

Sellajoch: Kabinenbahn Langkofelscharte (2180–2685 m)
Parkplatz, Mitte Juni bis Anfang Okt.

Seilbahn Sass Pordoi
Parkplatz am Pordoijoch, Mitte Mai bis Anfang Okt., www.fassa.com

Busse

Übersicht über alle Buslinien.
www.valgardena.it/de/busfahrplaene-groeden/

Buslinie 170
Fährt von Gröden über Kastelruth nach Bozen/Brixen.

Buslinie 350
Fährt von Bozen/Brixen ins Grödental bis Plan.

Buslinie 351
Von St. Ulrich über Lajen und Klausen nach Brixen.

Buslinie 355
Ab Mitte Juni zwischen St. Jakob/Pufels und St. Ulrich.

Sommerbus 357
Steuert zwischen Wolkenstein und St. Christina u. a. die Wanderparkplätze Daunëi und Plesdinaz sowie die Talstationen der Seilbahnen Dantercëpies und Col Raiser an. Mitte Juni bis Mitte Sept.

Buslinie 471: Dolomitenpässe
Von Runggaditsch geht es über St. Ulrich, St. Christina, Wolkenstein, Grödner Joch, Campolongo-Pass, Pordoi-Joch und Sellajoch (oder in umgekehrter Richtung) einmal rund um den Sellastock. An der Strecke liegen die Orte Kolfuschg, Corvara, Arabba und Canazei. Fahrten mit dieser Buslinie eignen sich ideal für Wanderungen auf der Puez-Hochfläche, für die Durchquerung des Sellastocks oder die Wanderung über die Langkofelscharte.
www.valgardena.it

IMPRESSUM

1. Auflage 2023 Verlagsnummer 5732 ISBN 978-3-99121-934-7

Text und Fotos (soweit nicht anders angegeben):
Raphaela Moczynski und Hannes Kleindienst

Titelbild: Die Filzer Scharte

Bild S. 7, 25/2, 25/5, 87, 90 (beide), 91, 95, 100, 113, 116: Ute & Joachim Schram

Grafische Herstellung: Raphaela Moczynski
Wanderkartenausschnitte: © KOMPASS-Karten GmbH
Kartengrundlage für Gebietsübersichtskarte S. 10–11, U4:
© MairDumont, D-73751 Ostfildern 4

Ein Dank an alle, die mich auf den Wanderungen begleitet haben!

KOMPASS-Karten GmbH
Karl-Kapferer-Straße 5, A-6020 Innsbruck
www.kompass.de/service/kontakt